direito da integração econômica

O selo DIALÓGICA da Editora InterSaberes faz referência às publicações que privilegiam uma linguagem na qual o autor dialoga com o leitor por meio de recursos textuais e visuais, o que torna o conteúdo muito mais dinâmico. São livros que criam um ambiente de interação com o leitor – seu universo cultural, social e de elaboração de conhecimentos –, possibilitando um real processo de interlocução para que a comunicação se efetive.

direito da integração econômica

Eduardo Biacchi Gomes

EDITORA intersaberes

Rua Clara Vendramin, 58 . Mossunguê
CEP 81200-170 . Curitiba . PR . Brasil
Fone: (41) 2106-4170
www.intersaberes.com
editora@editoraintersaberes.com.br

- Conselho editorial
  Dr. Ivo José Both (presidente)
  Drª Elena Godoy
  Dr. Nelson Luís Dias
  Dr. Neri dos Santos
  Dr. Ulf Gregor Baranow

- Editora-chefe
  Lindsay Azambuja

- Supervisora editorial
  Ariadne Nunes Wenger

- Analista editorial
  Ariel Martins

- Projeto gráfico
  Raphael Bernadelli

- Capa
  Denis Kaio Tanaami (*design*)
  COMSTOCK (imagem)

- Diagramação
  Capitular Design Editorial

Dados Internacionais de Catalogação na Publicação (CIP)
(Câmara Brasileira do Livro, SP, Brasil)

Gomes, Eduardo Biacchi
   Direito da integração econômica/Eduardo Biacchi
Gomes. Curitiba: InterSaberes, 2015.

Bibliografia.
ISBN 978-85-443-0263-7

   1. Economia regional 2. Integração econômica
internacional 3. Mercosul 4. Organização Mundial do
Comércio 5. União Europeia I. Título.

15-08161   CDU-34:339.92

   Índice para catálogo sistemático:
1. Integração econômica: Direito   34:339.92

1ª edição, 2015

Foi feito o depósito legal.

Informamos que é de inteira responsabilidade do autor a emissão de conceitos.

Nenhuma parte desta publicação poderá ser reproduzida por qualquer meio ou forma sem a prévia autorização da Editora InterSaberes.

A violação dos direitos autorais é crime estabelecido na Lei n. 9.610/1998 e punido pelo art. 184 do Código Penal.

apresentação 7

como aproveitar ao máximo este livro 9

Capítulo 1 **Integração regional e econômica: noções elementares - 13**

1.1 Noções introdutórias de direito da integração - 14

1.2 Multilateralismo e regionalismo econômico - 21

1.3 Estágios da integração regional (blocos econômicos) - 29

Capítulo 2 **Acordos comerciais e a Organização Mundial do Comércio (OMC) - 41**

2.1 Organização Mundial do Comércio (OMC): antecedentes históricos - 42

2.2 Livre comércio na OMC - 52

2.3 Acordos preferenciais de comércio na OMC e seus impactos - 64

Capítulo 3 **Blocos econômicos - 75**

3.1 União Europeia - 76

3.2 Mercosul (Mercado Comum do Sul) - 94

3.3 Demais blocos econômicos - 105

para concluir... 123

referências 125

anexos 131

respostas 179

sobre o autor 185

Este livro tem por objetivo trazer aos alunos de graduação e de cursos técnicos, bem como aos demais interessados no assunto, informações e detalhes sobre o processo de formação dos blocos econômicos e do livre comércio.

O conteúdo está estruturado em três capítulos, de forma a apresentar ao leitor as informações essenciais sobre temas tão instigantes como o livre comércio e a formação dos blocos econômicos.

No Capítulo 1, são abordados os temas pertinentes ao direito da integração regional e ao processo de formação dos blocos econômicos.

No Capítulo 2, são discutidos os temas referentes às práticas e políticas do livre comércio realizadas no âmbito da Organização Mundial do Comércio (OMC) e que fundamentam o intercâmbio comercial entre os Estados.

Finalmente, no Capítulo 3, são examinados os blocos econômicos em espécie, com especial destaque para a União Europeia e o Mercosul (Mercado Comum do Sul), sem esquecer os demais blocos econômicos, como a Unasul (União de Nações Sul-Americanas), a Aliança do Pacífico e o Nafta (North American Free Trade Agreement, ou Tratado Norte-Americano de Livre Comércio).

A presente obra foi elaborada com a finalidade de atender à demanda de alunos por livros didáticos sobre o direito da integração econômica. Assim, vale-se de ampla experiência profissional e acadêmica do autor quanto à matéria, além de bibliografia rigorosamente selecionada, que disponibiliza ao leitor informações essenciais e objetivas sobre o tema.

Outrossim, as fontes extraídas da internet trazem ao leitor informações de *sites* oficiais e foram cuidadosamente selecionadas com o objetivo de melhor demonstrar e esclarecer a importância do tema, de forma a não apenas repetir e reproduzir textos e informações que outros livros existentes no mercado utilizam (ou simplesmente omitem).

Trata-se, portanto, de uma obra atual e que contribuirá significativamente para o debate sobre o direito da integração.

Este livro traz alguns recursos que visam enriquecer o seu aprendizado, facilitar a compreensão dos conteúdos e tornar a leitura mais dinâmica. São ferramentas projetadas de acordo com a natureza dos temas que vamos examinar. Veja a seguir como esses recursos se encontram distribuídos no projeto gráfico da obra.

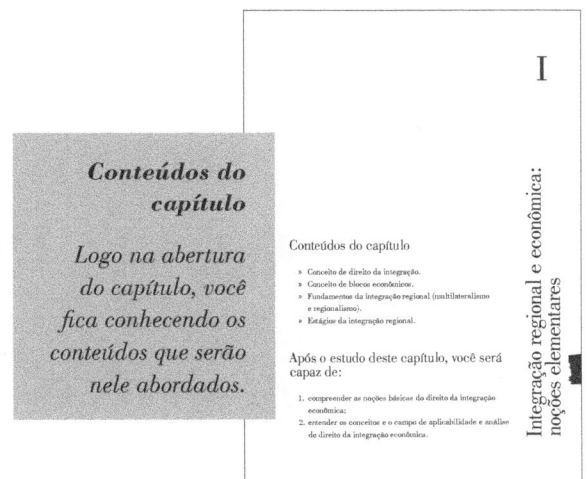

Conteúdos do capítulo
Logo na abertura do capítulo, você fica conhecendo os conteúdos que serão nele abordados.

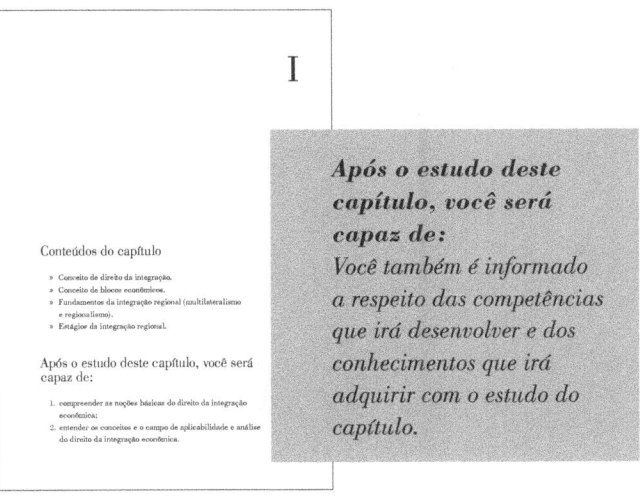

Após o estudo deste capítulo, você será capaz de:
Você também é informado a respeito das competências que irá desenvolver e dos conhecimentos que irá adquirir com o estudo do capítulo.

como aproveitar ao máximo este livro

compras públicas; serviços e capitais; movimento de pessoas e migrações; propriedade intelectual; pequenas e médias empresas.

É justamente na perspectiva desse cenário, de um regionalismo aberto e contemporâneo do século XXI, que os blocos econômicos devem ser analisados e estudados, notadamente porque, de acordo com o que estudamos no Capítulo 1, o próprio conceito de soberania deve ser repensado, tendo em vista a interdependência cada vez maior entre os Estados.

Síntese

Histórico do livre comércio no período posterior à Segunda Guerra Mundial:
- Acordos de Bretton Woods (1944). Formação do novo tripé da economia mundial, criação dos seguintes organismos:
- Fundo Monetário Internacional (FMI), criado com a finalidade de socorrer os países que estivessem em dificuldade nas balanças de pagamento;
- Banco Internacional de Reconstrução e Desenvolvimento Mundial (Bird), instituído com a finalidade de conceder financiamentos aos projetos a serem realizados na área de infraestrutura dos países;
- Organização Internacional de Comércio (OIC), que não entrou em vigor, pois os Estados Unidos não ratificaram a Carta de Havana, tendo em vista o início da Guerra Fria.
- GATT 1947 (Acordo Geral sobre Tarifas e Comércio) e as rodadas de negociação, que tiveram por objetivo reduzir as barreiras tarifárias.
- Rodada Uruguai (1986), que finalizou no ano de 1994 em Marraqueche, e que teve como objetivo:

Síntese

Você dispõe, ao final do capítulo, de uma síntese que traz os principais conceitos nele abordados.

Para saber mais

Para obter mais informações sobre a correlação entre Bretton Woods, regulação do Poder Mundial e trajetória do G20, grupo do qual faz parte o Brasil, é interessante a leitura do seguinte artigo de Giorgio Romano Schutte, professor da área de relações internacionais: SCHUTTE, G. R. Trajetória do G20 e a regulação do poder mundial. *Crítica Histórica*, ano 5, n. 9, p. 132-155, jul. 2014. Disponível em: <http://brasilnomundo.org.br/wp-content/uploads/2015/01/TRAJET%C3%93RIA-DO-G20-E-A-REGULA%C3%87%C3%83O-DO-PODER-MUNDIAL-2.pdf>. Acesso em: 3 maio 2015.

Questões para revisão

1) (Adaptada de Esaf – 2012 – Analista de Comércio Exterior) Sobre o Banco Mundial, pode-se afirmar que:
   a. a Agência Multilateral de Garantias de Investimentos (MIGA) é o nome oficial da instituição a partir de 2008, abrangendo todas as suas iniciativas.
   b. o Brasil tem sido um dos membros mais ativos do Centro Internacional para Arbitragem de Disputas sobre Investimentos e iniciou várias casos na defesa de seus interesses nacionais.
   c. somente projetos previamente aprovados pelo Fundo Monetário Internacional podem ser submetidos à deliberação do Conselho de Empresários do Banco Mundial.
   d. em razão das regras constitucionais brasileiras, somente a União pode ter projetos financiados pelo Banco Mundial.

Para saber mais

Você pode consultar as obras indicadas nesta seção para aprofundar sua aprendizagem.

Por outro lado, entre os blocos econômicos de natureza jurídica intergovernamental, destacamos o Mercosul (Mercado Comum do Sul), bloco econômico sui regime de união aduaneira imperfeita composto por Argentina, Brasil, Paraguai, Uruguai e Venezuela. Como bloco econômico de natureza jurídica intergovernamental, o Mercosul é regido pelas regras do direito internacional público, sendo que as decisões são tomadas mediante consenso e com a presença de todos os Estados.

Finalmente, destacamos o ordenamento jurídico do Mercosul e de seus órgãos, com destaque para o Tribunal Permanente de Revisão e o Parlamento.

Ainda na América do Sul, mencionamos a Unasul (União de Nações Sul-Americanas) e a sua proposta de integração, que se diferencia daquela do Mercosul. Vimos ainda que Aliança do Pacífico trabalha com uma proposta de regionalismo aberto. Finalmente, analisamos o Nafta (North American Free Trade Agreement), que contempla um processo de integração em estágio de área de livre comércio do qual fazem parte Canadá, Estados Unidos e México.

Consultando a legislação

Visitando os sites a seguir, você terá acesso aos tratados institutivos dos principais blocos econômicos estudados neste capítulo.

Direito da União Europeia (UE) e seus principais tratados

Neste capítulo, você viu que a UE tem uma longa história e conta com importantes tratados, como o Tratado de Roma e o Tratado de Maastricht. No endereço indicado a seguir (site oficial da UE, em português), é possível ler os os principais tratados da UE e verificar

---

Consultando a legislação

Você pode verificar aqui a relação das leis consultadas pelo autor para examinar os assuntos enfocados no livro.

Questões para revisão

1) (Adaptada de Cespe – 2010 – Juiz do Trabalho) Acerca da utilização da moeda comum na União Europeia, assinale a opção correta:
   a. A participação na Zona do Euro conforme obrigação comunitária irrenunciável, à exceção dos recém-admitidos países do Leste Europeu, que deverão passar por período de convergência macroeconômica.
   b. A adesão ao euro não implica renúncia a bancos centrais nacionais nem a possibilidade da prática de política monetária e de utilização do direito tributário como ferramenta de política econômica.
   c. As iniciativas políticas unilaterais dos países comunitários da Zona do Euro são limitadas.
   d. A Zona do Euro inclui todos os seis países fundadores das comunidades europeias, embrião da atual União Europeia, e outros países posteriormente aderentes, como Irlanda e Grã-Bretanha.
   e. A utilização de moeda comum possibilita a litigância em bloco no sistema de solução de controvérsias da OMC.

2) (Adaptada de Cespe – 2013 – Juiz Federal) A respeito da estrutura institucional do Mercosul, assinale a opção correta:
   a. As normas da Comissão de Comércio do Mercosul possuem caráter meramente recomendatório.
   b. Compõe a estrutura institucional do Mercosul a Comissão de Tribunais Constitucionais.

Questões para revisão

Com estas atividades, você tem a possibilidade de rever os principais conceitos analisados. Ao final do livro, o autor disponibiliza as respostas às questões, a fim de que você possa verificar como está sua aprendizagem.

   d. o Mecanismo de Exame de Políticas Comerciais é obrigatório para todos os membros, inclusive para os países de menor desenvolvimento relativo.
   e. qualquer Membro da OMC poderá propor a alteração das disposições dos acordos da Rodada Uruguai.

4) Qual foi a importância das Conferências de Bretton Woods para o livre comércio?

5) Considerando a OMC e a proteção do trabalho desenvolvido no comércio internacional, explique o significado da expressão *dumping social*, dissertando sobre a competência da OMC em assuntos ligados às normas internacionais do trabalho.

Questões para reflexão

1) Como os subsídios agrícolas prejudicam o Brasil? Cite um exemplo emblemático sobre o assunto.
2) Analise de forma crítica a estrutura formada em Bretton Woods, avaliando os pontos fracos existentes nas três instituições criadas.

Questões para reflexão

Nesta seção, a proposta é levá-lo a refletir criticamente sobre alguns assuntos e trocar ideias e experiências com seus pares.

I

Integração regional e econômica: noções elementares

Conteúdos do capítulo

» Conceito de direito da integração.
» Conceito de blocos econômicos.
» Fundamentos da integração regional (multilateralismo e regionalismo).
» Estágios da integração regional.

Após o estudo deste capítulo, você será capaz de:

1. compreender as noções básicas do direito da integração econômica;
2. entender os conceitos e o campo de aplicabilidade e análise do direito da integração econômica.

Neste capítulo, antes de adentrarmos o estudo dos blocos específicos, veremos noções básicas do direito de integração e a conceituação correlata de blocos econômicos para, em seguida, examinarmos as razões para se buscar maior integração regional.

Com efeito, desde o início de nossa abordagem, é importante observarmos que o direito da integração analisa as relações jurídicas, econômicas, sociais e políticas que ocorrem dentro e fora do bloco econômico. O objetivo principal deste capítulo é examinar os aspectos jurídicos da integração econômica dos blocos. O direito da integração, portanto, engloba outras ciências do saber, como o direito, as relações internacionais, a economia, as ciências sociais, a ciência política, a história e a geografia. Trata-se, em verdade, de um processo de cooperação entre Estados em busca de objetivos comuns. (Negro, 2013).

Todavia, como se trata de um livro de caráter científico e acadêmico e elaborado com a finalidade de servir como um aporte teórico aos estudiosos interessados em compreender os blocos econômicos, precisamos partir de uma abordagem técnica, objetiva e conceitual do direito da integração.

1.1 Noções introdutórias de direito da integração

Segundo Negro (2013, p. 4, tradução nossa), o direito da integração pode ser definido como o "processo mediante o qual dois ou mais governos adotam, com o apoio de instituições comuns, medidas conjuntas, para intensificar a interdependência e obter benefícios mútuos."

Embora a integração possa ter inúmeras finalidades – econômicas, comerciais, sociais, políticas, culturais, pacifistas, entre outras –, devemos destacar que, na maioria das vezes, as finalidades econômica e comercial são preponderantes, visto que os Estados, ao se associarem, buscam a adoção de esforços comuns para uma melhor inserção na economia global.

De forma a melhor esclarecermos o processo histórico da formação dos blocos econômicos, é importante mencionarmos o período após a Segunda Guerra Mundial (Diz; Orantes, 2012). Assim, serão abordados no Capítulo 2 os acontecimentos históricos ali vivenciados, que foram decisivos para a formação e a consolidação dos blocos econômicos.

Neste ponto, a título de esclarecimento ao leitor, devemos ressaltar que a nova realidade mundial, ora estudada, decorre dos fatos ocorridos no pós-guerra (Segunda Guerra Mundial), principalmente em decorrência dos novos rumos tomadas pelas potências aliadas, as vencedoras do conflito (Estados Unidos da América, União Soviética, França e Inglaterra).

Na sequência, vamos examinar os principais pontos e destaques referentes às mudanças que a Segunda Guerra Mundial trouxe para os países do Hemisfério Norte.

Na Figura 1.1, apresentamos o mapa da divisão geopolítica do continente europeu após o referido conflito.

Figura 1.1 – Divisão geopolítica da Europa após a Segunda Guerra Mundial

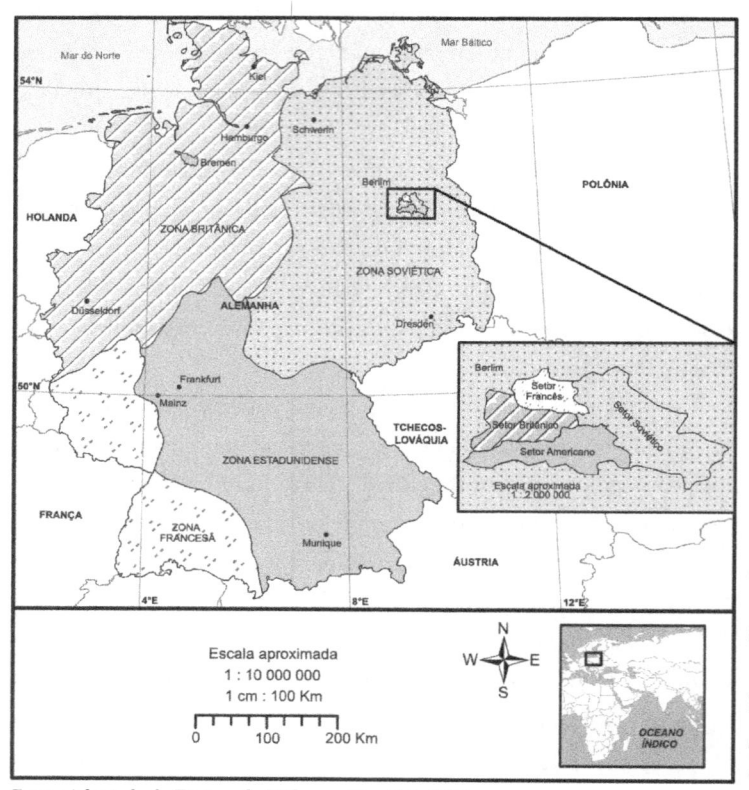

Fonte: Adaptado de Tópicos de 2ª Guerra Mundial, 2015.

Devemos mencionar que o pós-guerra foi extremamente relevante para a formação do conceito de **regionalismo econômico**, tendo em vista a necessidade de reconstrução do continente europeu, devastado pelo conflito. Desse modo, surgiu a necessidade de buscar a própria abertura das fronteiras entre os Estados, de maneira a retrabalhar o conceito de soberania estatal.

De acordo com Diz e Orantes (2012, p. 17),

> A integração regional deve ser vista como parte de uma nova estrutura organizacional dos Estados, na qual novas formas de relações internas e externas surgem num marco comum – o espaço integrado. E, como tal, há uma mudança radical na concepção interna e externa do conceito tradicional de Estado, chegando a um âmbito onde as fronteiras do território comum são ampliadas.

Observe, em relação a esse aspecto, que o processo de globalização econômica contribuiu decisivamente para a formação dos blocos econômicos. Somam-se ao processo de globalização os seguintes fatores: a) a queda do Muro de Berlim; b) a desintegração da União Soviética; c) o inegável avanço tecnológico que a sociedade internacional experimentou nos últimos anos. Tais acontecimentos históricos sublinharam a necessidade de os Estados buscarem uma ampla integração econômica (Gomes, 2010).

Aliás, é oportuno o esclarecimento de Diz e Orantes (2012, p. 18):

> Vamos analisar alguns dos requisitos para que a integração entre os Estados possa alcançar um resultado satisfatório: a existência de um substrato comum de valores e interesses e, mais importante ainda, de uma escala de preferências bem estabelecidas entre eles, de maneira que os conflitos e problemas possam ser facilmente solucionados; uma relativa simetria econômico-social e político-institucional, com certo grau de complementariedade entre os Estados envolvidos, condição sine qua non para que se amplie a interdependência.

Portanto, em um mundo globalizado, é imprescindível a reunião dos Estados em blocos econômicos para, juntos, atingirem melhores resultados nas searas econômicas e comerciais.

Trata-se, pois, da inexorável realidade e dos efeitos da globalização, que abala e altera os alicerces e as estruturas do Estado; assim, de acordo com Mello (1996, p. 35), a "globalização é uma grande ameaça aos valores tradicionais e que acabará possivelmente por beneficiar alguns Estados de que as matrizes transnacionais são nacionais".

Outrossim, conforme Mello (1996, p. 35), tendo em vista o desenvolvimento do processo globalizatório, o capitalismo tornou-se mais "selvagem", isto é, os Estados procuram incentivar as trocas econômicas e comerciais, o que resulta na transformação da sociedade internacional.

É necessário mencionarmos que nesse contexto os Estados devem saber conviver com a realidade da integração econômica, que resulta na formação de um mundo multipolar, com a formação de verdadeiros blocos com economias extremamente importantes e que – cada vez mais – passam a adotar políticas internas que protegem o mercado interno, como é o caso da União Europeia.

Por outro lado, ao tratarmos do direito da integração, não menos importante é o seu objeto de estudo, que são os blocos econômicos. Objetivamente, podemos conceituar **bloco econômico** como um sujeito de direito internacional, dotado de personalidade jurídica derivada e capacidade jurídica limitada, cujo intuito é atingir determinados objetivos.

Destacamos ainda que *bloco econômico* pode ser conceituado como uma organização internacional, de caráter fechado, regional e com uma finalidade técnica, ou seja, somente é permitido o ingresso de determinados Estados de um continente ou região; seu âmbito de atuação, no sentido de adoção de políticas, é regionalizado; e ele somente atuará dentro das competências para as quais foi criado.

Um bloco econômico é um sujeito de direito internacional porque tem personalidade jurídica de direito internacional público. Objetivamente, para o direito internacional público (DIP) tradicional, são considerados como sujeitos os Estados, as organizações internacionais e os indivíduos.

Classicamente, os Estados soberanos são os principais sujeitos de direito internacional: eles têm uma personalidade jurídica originária e uma capacidade jurídica plena.

O Estado, ao se declarar independente, já surge com uma personalidade jurídica originária, sendo que, para o exercício de sua capacidade jurídica, é necessário que os demais Estados da comunidade internacional o reconheçam como um Estado soberano.

A capacidade jurídica nada mais é do que uma consequência do fato de o sujeito de direito internacional ter personalidade jurídica. O Estado soberano, que tem capacidade jurídica plena, pode, portanto, celebrar tratados, declarar guerra (ainda que nos dias atuais a guerra seja considerada um ato ilícito para o DIP), receber e encaminhar diplomatas, integrar organizações internacionais e demandar e ser demandado em tribunais internacionais.

O indivíduo, excepcionalmente, poderá ser considerado como sujeito de direito internacional somente em questões que envolvam violações aos direitos humanos e nas hipóteses em que ele é demandado ou demanda em tais questões (Tribunal Penal Internacional e os Sistemas Regionais de Proteção aos Direitos Humanos – sistema interamericano).

No caso das organizações internacionais (aqui se inserem os blocos econômicos), elas têm uma capacidade jurídica derivada, porque se trata de uma capacidade jurídica por atribuição. Isto é, são os Estados (que têm a capacidade jurídica originária) que, por meio de tratado, criam o sujeito de direito internacional, que devem cumprir com os objetivos propostos no tratado (capacidade jurídica limitada aos objetivos do tratado).

É importante ressaltarmos que todo bloco econômico decorre da vontade política dos Estados, que buscam uma associação. Mas a materialização se dá por meio do tratado institutivo, fundacional, que cria o próprio bloco econômico, indicando ainda os Estados que o integram, seus objetivos, sua estrutura e suas finalidades.

Para saber mais

Para aprofundar seu entendimento sobre a constituição de um tratado de bloco econômico, consulte o Tratado de Assunção, realizado entre Brasil, Argentina, Paraguai e Uruguai, que instituiu o Mercosul (Mercado Comum do Sul).

TRATADO para a constituição de um mercado comum entre a República Argentina, a República Federativa do Brasil, a República do Paraguai e a República Oriental do Uruguai. Assunção, 26 mar. 1991. Disponível em: <http://www.sice.oas.org/Trade/MRCSRP/treatyasun_p.asp>. Acesso em: 22 maio 2015.

Uma vez delimitado o conceito de bloco econômico, cumpre destacarmos que, ainda que a integração, conforme mencionamos, tenha objetivos econômicos e comerciais, tendo em vista que os Estados buscam uma melhor inserção no mundo globalizado, a materialização dos blocos ocorre por meio da elaboração de um tratado, que cria o bloco.

No caso do Mercosul (Mercado Comum do Sul), foram firmados o Tratado de Assunção, em 1991, e o Protocolo de Ouro Preto, em 1994. No caso da União Europeia, foram firmados o Tratado de Roma, em 1957, que criou a Comunidade Econômica Europeia, e os demais tratados reformadores, sendo o mais atual o Tratado de Lisboa, de 2009. Como abordaremos no decorrer do capítulo, os blocos econômicos apresentam diversos estágios de integração*, que dependem dos seus objetivos (Gomes, 2014).

---

* Zona de livre comércio, união aduaneira, mercado comum, mercado comum e união monetária e – hipoteticamente – união política.

Podemos conceituar bloco econômico, igualmente, com base na teoria das organizações internacionais, como uma organização internacional técnica e com finalidade econômica e comercial.

Dentro da integração, o diferencial para a formação dos blocos econômicos é o fato de os Estados aproveitarem a proximidade geográfica para se associarem, de forma a buscar potencialidades comuns. Negro (2013, p. 6, tradução nossa) assim resume os principais conceitos do direito da integração econômica: "Integrar: criar interdependência ou constituir com as partes de um todo; Interdependência: ações de uma parte e que produzem efeitos em outra ou outras partes; Integração política, social, econômica: segundo a matéria ou o conteúdo das políticas adotadas".

Examinados os conceitos operacionais sobre o direito da integração econômica (seu conceito e objeto de estudo), vamos examinar os fundamentos jurídicos da formação dos blocos econômicos.

1.2 Multilateralismo e regionalismo econômico

Para tratarmos de multilateralismo e regionalismo econômico, é importante que consideremos primeiramente seus respectivos conceitos.
Nas palavras de Gomes (2014, p. 29-30);

> *O multilateralismo econômico trabalha com a noção de que todos os Estados, dentro de uma Organização Internacional, como é o caso da OMC [Organização Mundial do Comércio], devem negociar em condições de igualdade. Sempre que um país-membro da OMC conceder uma vantagem comercial para outro país-membro da mesma organização, em condições de reciprocidade, referida vantagem deverá ser estendida aos demais.*

Ressaltemos que a OMC é uma organização internacional que tem por objetivo promover o livre comércio, mediante sua regulamentação. Em poucas palavras, trata-se de um foro de negociações em que os Estados discutem e deliberam políticas voltadas para a liberalização do comércio, conforme demonstrado a seguir:

Sobretudo, é um foro de negociação... A OMC é essencialmente um lugar onde os estados membros podem ir para tentar resolver os problemas comerciais que têm uns com os outros. O primeiro passo é conversar. A OMC nasceu como consequência de negociações e tudo o que faz é resultado de negociações. A maior parte do trabalho atual da OMC provém das negociações celebradas no período de 1985-1994 – a chamada Rodada Uruguai – e de anteriores negociações celebradas no marco do Acordo Geral sobre Tarifas e Comércio (GATT). A OMC é atualmente o local de novas negociações no marco do "Programa de Doha para o Desenvolvimento", iniciado em 2001.

Quando os países têm enfrentado com obstáculos o comércio e têm querido reduzi-los, as negociações têm contribuído à liberalização do comércio. Mas a OMC não se dedica somente à liberalização comercial e em determinadas circunstâncias suas normas apoiam a manutenção de obstáculos comerciais, por exemplo, para proteger os consumidores ou para impedir a propagação de enfermidades.

É um conjunto de normas... Seu núcleo está constituído pelos Acordos da OMC, negociados e firmados pela maioria dos países que participam do comércio mundial. Estes documentos estabelecem as normas jurídicas fundamentais do comércio internacional. São essencialmente contratos que obrigam os governos a manter suas políticas comerciais dentro dos limites es-

tabelecidos. Embora negociados e firmados pelos governos, seu objetivo é ajudar os produtores de bens e serviços, exportadores e importadores a conduzir suas atividades, permitindo aos governos, ao mesmo tempo, lograr êxito nos objetivos sociais e ambientais.

O principal objetivo do sistema é ajudar que os fluxos comerciais circulem com a máxima liberdade possível – sempre que não se produzam efeitos colaterais desfavoráveis – porque isso é importante para o desenvolvimento econômico e ao bem-estar. Isto significa, em parte, a eliminação de obstáculos. Também significa assegurar que os particulares, as empresas e os governos saibam quais são as regras do comércio mundial, dando-lhes a garantia de que as políticas não sofrerão mudanças repentinas. Em outras palavras, as regras deverão ser "transparentes" e previsíveis. (OMC, 2015i, tradução nossa, grifo do original)

Ao contrário do que se possa concluir, o multilateralismo e o regionalismo econômico, como estão inseridos no mesmo sistema, que é o do GATT 1994 – Acordo Geral sobre Tarifas e Comércio (Acordo..., 1947) e OMC, não são excludentes mas, ao contrário, complementares. Observemos que o GATT 1994 é um dos tratados inseridos na OMC.

A ideia do multilateralismo econômico está representada nos conceitos a seguir mencionados, extraídos do *site* da OMC (2015h, tradução nossa, grifo do original), como exemplo maior do princípio da nação mais favorecida:

> **1. Nação mais favorecida (NMF): igualdade de tratamento para todos os demais**
> Em virtude dos Acordos da OMC, os países não podem normativamente estabelecer discriminações entre seus diversos interlocutores comerciais. Se se concede a um

> país uma vantagem especial (por exemplo, a redução do valor da tarifa aplicável a um de seus produtos), tem-se de fazer o mesmo com todos os demais membros da OMC.
>
> Este princípio é conhecido como o tratamento da nação mais favorecida (NMF) e é tão importante que está no primeiro artigo do Acordo Geral sobre Tarifas e Comércio (GATT), que regula o comércio de bens. O princípio NMF é também prioritário no Acordo Geral sobre o Comércio de Serviços (AGCS) (art. 2°) e no Acordo sobre os Aspectos dos Direitos de Propriedade Intelectual Relacionados ao Comércio (Trips) (art. 4°), embora em cada acordo o princípio seja tratado de forma ligeiramente diferente. Juntos, esses três acordos abrangem todas as três principais áreas do comércio de que se ocupa a OMC, sendo que há determinadas exceções ao princípio.
>
> [...] Em geral, o tratamento NMF significa que cada vez que um país reduz um obstáculo ao comércio ou abre o mercado tem de fazer o mesmo para os mesmos produtos e serviços de todos os seus interlocutores comerciais, sejam ricos ou pobres, fracos ou fortes.

Gomes (2014), aliás, demonstra que a concepção do regionalismo econômico permite a formação dos blocos econômicos e está compreendida dentro da existência de um subsistema, existente dentro de um sistema maior, que é o multilateralismo econômico.

Essa afirmação é corroborada pelo entendimento apontado a seguir, retirado do *site* da OMC (2015j, tradução nossa, grifo do original):

> Uma das perguntas que se formulam com maior frequência é se os grupos regionais ajudam o sistema multilateral de comércio da OMC ou se criam obstáculos. Há um comitê que se encarrega de observar essa evolução.

Acordos comerciais regionais

Por mais que pareça contraditório, os acordos comerciais regionais podem muitas vezes servir de apoio ao sistema multilateral de comércio da OMC. Esses acordos permitiram que grupos de países pudessem negociar regras e compromissos que vão além do que era possível no momento multilateralmente. Por sua vez, algumas dessas regras já pavimentaram o caminho para os acordos da OMC. Serviços, propriedade intelectual, normas ambientais e políticas de investimento e habilidades são todas questões que foram levantadas nas negociações regionais e mais tarde evoluíram para acordos ou tópicos de discussão na OMC.

[...] Nos acordos da OMC se reconhece que os acordos regionais e uma maior integração econômica podem beneficiar os países. Reconhece-se também que em determinadas circunstâncias acordos comerciais regionais poderiam ferir os interesses comerciais de outros países. Normalmente, o estabelecimento de uma união aduaneira ou uma zona de comércio livre violaria o princípio da igualdade de tratamento da OMC ("nação mais favorecida"). No entanto, o art. 24 do GATT autoriza como exceção especial o estabelecimento de acordos comerciais regionais, desde que preencham determinados critérios rigorosos.

Em particular, esses arranjos devem contribuir para a fluidez de comércio mais livre entre os países do grupo, mas sem criar barreiras ao comércio com o mundo exterior. Dito de outro modo, a integração regional deve complementar e não ameaçar o sistema de comércio multilateral.

[...] Em 6 de fevereiro de 1996, o Conselho Geral da OMC estabeleceu o Comitê de Acordos Comerciais

Regionais, cuja finalidade é examinar os grupos regionais e avaliar se são compatíveis com as normas da OMC. Este comitê também examina de que forma os acordos regionais podem afetar o sistema multilateral de comércio e que relação pode existir entre os acordos regionais e os multilaterais.

Esclarece Gomes (2014) que, no multilateralismo econômico, os países-membros da OMC podem se associar para que haja a concessão recíproca de vantagens, sem que estas sejam estendidas aos demais países-membros (da OMC).

Portanto, como podemos perceber, tais conceitos estão ligados ao GATT 1994 da OMC. Concretamente, temos que os princípios da cláusula da nação mais favorecida (CNMF) estão relacionados ao multilateralismo econômico (art. 1º do GATT 1994); a exceção à CNMF está relacionada ao regionalismo econômico (art. 24 do GATT 1994).

Como forma de melhor entendermos os conceitos indicados até este ponto do texto, devemos considerar, inicialmente, a OMC* como uma organização internacional, de caráter multilateral e que tem por objetivo promover o livre comércio, por meio da criação de regras justas para serem aplicadas entre os Estados.

Já o GATT 1994 é um tratado da OMC que tem por objetivo regulamentar as políticas referentes à redução de barreiras (tarifárias e não tarifárias), de forma a promover um maior intercâmbio comercial.

Pelo princípio da CNMF (art. 1º do GATT 1994), que trata do multilateralismo econômico, sempre que um país-membro da OMC conceder uma vantagem comercial a outro país da mesma organização, conforme a regra geral, essa vantagem deverá ser extendida aos demais Estados da OMC. Essa medida se deve ao fato de, que

---

* Vamos tratar detalhadamente da OMC no Capítulo 2.

dentro daquela organização internacional, que prega o livre comércio, todos os Estados devem negociar com os demais em condições de igualdade e as políticas devem ser claras, objetivas e transparentes. Em meio às políticas e às negociações comerciais entre os Estados, o princípio da CNMF é um elemento essencial para a busca de um comércio equilibrado e, como a OMC objetiva promover o livre comércio, por meio de sua regulamentação, nada mais correto do que o GATT 1994 adotar tal cláusula.

Negro (2013, p. 11, tradução nossa) esclarece que "a cláusula NMF aparece principalmente em acordos comerciais; sua inclusão não se limita a esse tipo de instrumentos internacionais, mas também pode aparecer em tratados de qualquer matéria. Recentemente, aparece de forma constante a cláusula NMF em acordos de promoção e proteção de investimentos [...]".

Todavia, em determinadas situações, a regra do art. 1º do GATT 1994 pode deixar de ser aplicada – por exemplo, em relação às economias menores e no que diz respeito aos países menos adiantados* e que, portanto, dentro da OMC, podem ter um tratamento

---

* Países menos adiantados: países mais pobres do mundo. A OMC utiliza a lista da Organização das Nações Unidas (ONU). **Membros da OMC (34)**: Angola, Bangladesh, Benim, Burkina Fasso, Burundi, Camboja, Tchad, Djibuti, Gâmbia, Guiné, Guiné-Bissau, Haiti, Ilhas Salomão, Lesoto, Madagascar, Mali, Malaui, Mauritânia, Moçambique, Mianmar, Nepal, Níger, República Centro-Africana, Laos, República Democrática do Congo, Ruanda, Senegal, Serra Leoa, Tanzânia, Togo, Uganda, Vanuatu, Iêmen, Zâmbia (Desa, 2015, tradução nossa). **Observadores da OMC (8)**: Afeganistão, Butão, Comores, Etiópia, Guiné Equatorial, Libéria, São Tomé e Príncipe, Sudão. **Nem membros nem observadores da OMC (6)**: Eritreia, Kiribati, Somália, Sudão do Sul, Timor Leste, Tuvalu (OMC, 2015c, tradução nossa, grifo do original).

mais benéfico do que os demais. O mesmo vale para os Estados que aderiram recentemente àquela organização*.

Ainda considerando as exceções, detaquemos a ideia de regionalismo econômico, traduzida pelo princípio da exceção à CNMF, art. 24 do GATT 1994. De acordo com esse princípio, dentro do próprio multilateralismo econômico os países-membros da OMC podem se associar em blocos econômicos, de forma que haja uma concessão recíproca de vantagens, sem que estas venham a ser estendidas aos demais países da OMC.

Trata-se, notoriamente, de uma estratégia utilizada dentro da OMC com o intuito de se buscar uma melhor inserção dentro do mundo globalizado e, consequentemente, do multilateralismo econômico.

A ideia do regionalismo deve ser entendida como uma estratégia utilizada pelos Estados integrantes da OMC para que eles possam elaborar acordos entre si – acordos estes que, progressivamente, podem ser estendidos aos demais países-membros da OMC de modo a consolidar a política do multilateralismo econômico.

De acordo com a OMC (2015j, tradução nossa):

> *Ainda que pareça contraditório, os acordos comerciais regionais podem muitas vezes servir realmente de apoio ao sistema multilateral de comércio da OMC. Tais acordos permitiram que grupos de países negociassem acordos e compromissos do que poderia ser possível dentro do multilateralismo.*

---

* Os membros que recém ingressaram são os países que aderiram à OMC depois de 1995 e que optaram por assumir compromissos menores dentro das negociações em virtude de liberalização comercial após a adesão. Não se incluem os países menos desenvolvidos, pois estes não assumiram novos compromissos, nem os integrantes da União Europeia.
Membros da OMC (19): Albânia, Arábia Saudita, Reino da Armênia, Cabo Verde, China, Equador, Rússia, Geórgia, Jordânia, Moldávia, República Popular da Mongólia, Omán, Panamá, República Kirguisa, Taipé Chinesa, Tonga, Ucrânia, Vietnã, ex-República Iugoslava da Macedônia (OMC, 2015c, tradução nossa, grifo do original).

[...]

As associações importantes para a OMC são as que suprimem ou reduzem os obstáculos ao comércio dentro do grupo. Nos acordos da OMC se reconhecem os acordos regionais e o fato de a maior integração econômica ser benéfica para todos.

Ainda sobre o conceito de regionalismo econômico (e para um melhor entendimento da matéria sobre os blocos econômicos), é importante esclarecermos que o GATT 1994, em seu art. 24, somente faz referência à zona de livre comércio e à união aduaneira e não leva em consideração outros modelos de integração, como mercado comum e mercado comum e união monetária, os chamados *estágios da integração regional*.*

1.3 Estágios da integração regional (blocos econômicos)

Para tratarmos dos estágios da integração dos blocos econômicos, cumpre inicialmente mencionarmos que não existem modelos estáticos de integração. Isto é, ao estudarmos os estágios da integração regional, é imprescindível que sejam abordadas e compreendidas as características de cada processo de integração.

Como vimos na seção anterior, a formação dos blocos econômicos decorre da aplicação do princípio da exceção à CNMF (art. 24 do GATT 1994), que traz a concepção do regionalismo econômico.

Devemos ressaltar que os Estados, ao se integrarem à OMC, podem se associar em blocos econômicos de acordo com os objetivos estabelecidos pelos sócios dentro dos tratados fundacionais, ou seja, nos tratados que criam os blocos econômicos, diferentes poderão ser

---

* Para um aprofundamento no tema *globalização, regionalismo e multilateralismo*, consulte Gomes (2004, 2007).

os modelos de integração. Um bom exemplo é o Mercosul: embora seja denominado *Mercado Comum do Sul*, ao contrário do que possa parecer, não constitui um mercado comum, mas uma união aduaneira imperfeita, que não atende ao os requisitos de um mercado comum. Certo é que o Nafta (North American Free Trade Agreement, ou Tratado Norte-americano de Livre Comércio), bloco econômico em regime de zona de livre comércio, formado por Estados Unidos, Canadá e México, é diferente do Mercosul, o qual, consequentemente, é diferente da União Europeia, conforme veremos adiante.

Quando se estudam os estágios da integração regional, faz-se menção expressa ao disposto no art. 24 do GATT 1994. O artigo faz referência modelos de integração da zona de livre comércio e da união aduaneira (embora existam outros modelos atualmente).

De acordo com Negro (2013, p. 13, tradução nossa):

> *Zona de livre comércio (ZLC): dois ou mais territórios aduaneiros se associam com a finalidade de eliminar os impostos e as restrições para a promoção e o intercâmbio recíprocos.*
>
> *União Aduaneira (UA): substituição de dois ou mais territórios por somente um, no qual:*
>
> *a. se eliminam os impostos e as restrições comerciais para a promoção do intercâmbio comercial;*
>
> *b. os impostos e as regras comerciais no que dizem respeito aos terceiros países são idênticos (política comercial comum).*

É oportuno destacarmos que, quanto mais aprofundado for o modelo de integração, maior será o comprometimento político dos Estados com os objetivos do bloco; consequentemente, haverá mais limitação da soberania, visto que, para a concretização das políticas integracionistas, inquestionavelmente é necessário um ordenamento jurídico comum, que deve ser seguido e observado por todos os Estados que integram o bloco.

Embora o elemento jurídico seja extremamente importante para a materialização dos blocos econômicos, uma vez que eles surgem somente por meio dos tratados, é preciso termos em mente que a formação dos blocos econômicos decorre de um comprometimento político – dos mesmos Estados que integram o bloco –, no sentido de cumprir com os objetivos estabelecidos dentro dos tratados fundacionais do bloco.

Uma vez examinadas as características gerais dos blocos econômicos, passaremos a estudar, detalhadamente, as características gerais dos estágios de integração desses blocos*.

» Zona de livre comércio (ZLC)

Os Estados se associam com o objetivo de reduzir as barreiras tarifárias e não tarifárias, com o intuito de (progressivamente) promover a livre circulação das mercadorias que são produzidas dentro do bloco econômico. De acordo com Diz e Orantes (2012, p. 20), "Há uma preocupaçãoo relativa ao tratamento fiscal igualitário aplicado aos países-membros, com a consequente retirada dos impostos de importação e exportação". Dentro desse modelo de integração, deve-se levar em consideração que o objetivo primordial é o favorecimento e o intercâmbio comercial das mercadorias que são produzidas dentro do bloco. Como os Estados buscam o favorecimento das indústrias locais, é necessário o estabelecimento de critérios e requisitos capazes de identificar em que hipóteses as mercadorias podem ser consideradas como produzidas dentro do bloco. Concretamente, existe o chamado *regime de origem*, que são os critérios estabelecidos pelos Estados com o intuito de saber em que hipóteses a mercadoria poderá ser considerada como produzida dentro do bloco

---

* Para se aprofundar no tema, consulte Gomes (2014).

para, consequentemente, circular livremente no espaço comum. Um exemplo de bloco econômico em regime de zona de livre comércio é o Nafta.

» **União aduaneira**

Trata-se do segundo estágio de integração. Precisamente, a partir do momento em que o bloco econômico consolida o primeiro estágio de integração, isto é, a zona de livre comércio, e se for a vontade política dos Estados, é possível avançar à união aduaneira.

No estágio de união aduaneira, o bloco passa a ter personalidade de direito internacional e, portanto, os Estados podem negociar em bloco outros acordos comercias. Consideremos o exemplo do Mercosul, que, com o Protocolo de Ouro Preto (Protocolo..., 1994), atribuiu personalidade jurídica de direito internacional ao bloco e, portanto, passou a negociar acordos comerciais com outros Estados*. Ademais, é necessária a existência de políticas comuns no que diz respeito ao ingresso e à saída de mercadorias, isto é, todas as mercadorias provenientes de fora do bloco que ali ingressam podem circular livremente; da mesma forma, toda mercadoria produzida dentro do bloco e que, consequentemente, ali circula livremente, pode ser exportada por qualquer um dos Estados, desde que – em qualquer das hipóteses – sejam recolhidos os impostos aduaneiros (impostos de importação e de exportação), cujas alíquotas devem ser harmônicas dentro do bloco. Assim, é necessário o estabelecimento da chamada *Tarifa Externa Comum* (TEC), que indica a alíquota média dentro do bloco. É preciso ainda que haja a harmonização entre os Estados integrantes do bloco, tendo em vista que a receita oriunda da TEC deve ser distribuída entre os Estados. É necessário também

---

* Nesse sentido, o Mercosul tem acordos comerciais com México, Israel, países da Aladi (Associação Latino-Americana de Integração), entre outros.

um código aduaneiro comum, de forma a facilitar os procedimentos aduaneiros dentro do bloco. Um exemplo de união aduaneira é a União Aduaneira África Austral (Sacu – Southern African Customs Union), formada por África do Sul, Botsuana, Lesoto, Namíbia e Suazilândia (Sacu, 2015).

» **Mercado comum (MC)**
Nesse estágio de integração, o bloco econômico já consolidou o estágio de união aduaneira e insere no bloco as chamadas *quatro liberdades do mercado*, ou seja, a livre circulação de bens, pessoas, capitais e serviços. Para tanto, existe um espaço comum integrado, em que não há mais fronteiras internas, aduanas e controles de imigração. As mercadorias circulam livremente, assim como se torna mais fácil promover os investimentos dentro dos Estados, a prestação de serviços e a fixação de residência, por exemplo. Por detrás de tudo isso, também há a livre circulação de trabalhadores. O próprio bloco econômico, com o intuito de facilitar o exercício das quatro liberdades de mercado, institui uma cidadania comum, que, no caso da União Europeia, é a cidadania europeia. Vale destacarmos que, dentro do mercado comum, o comprometimento político dos Estados é maior, uma vez que as normativas – produzidas dentro do bloco e que dizem respeito à integração – devem ser seguidas por todos os Estados. No bloco econômico em modelo de mercado comum, existe uma limitação maior ao poder soberano dos Estados. Destacamos, ademais, que os Estados não deixam de existir; todavia, sua estrutura começa a sofrer alterações, tendo em vista a maior interdependência existente entre eles. A cidadania criada dentro do bloco não substitui as nacionalidades dos Estados – trata-se de um mecanismo para que os nacionais dos Estados-membros possam exercer as quatro liberdades de mercado. Um exemplo de mercado comum é a União Europeia.

» **Mercado comum e união monetária**

No estágio de mercado comum e união monetária, agregadas as características já existentes, o bloco econômico passa a contar com uma moeda comum que tem por objetivo substituir as moedas locais dos Estados. Trata-se de um projeto ambicioso que tem por propósito incentivar o intercâmbio intrabloco, com o intuito de fortalecer as trocas comerciais, o turismo e os serviços. No plano externo, desenvolve-se uma moeda forte apta a concorrer com o dólar. Para tanto, é necessária a coordenação de políticas macroeconômicas comuns, a fim de garantir a própria estabilidade da Zona do Euro. Além disso, é preciso que haja um Banco Central de caráter supranacional, que tenha por objetivo adotar as políticas macroeconômicas relacionadas à moeda comum. Um bom exemplo é a União Europeia, que adota o euro em dezoito países e que criou o Banco Central Europeu, com sede em Frankfurt, na Alemanha. Por fim, é importante observarmos que a existência de políticas monetárias comuns, como é o caso do euro, também reduz o poder soberano dos Estados, que ficam sujeitos à adoção das políticas macroeconômicas do Banco Central Europeu; assim, consequentemente, maior será a interdependência entre as economias da Zona do Euro.

» **Integração política**

Esse modelo de integração não existe na prática, somente na doutrina. De acordo com Gomes (2014), o último estágio de integração seria a fusão de todas as soberanias dos Estados com o propósito de formar um novo ente, diferentemente de uma federação ou de uma confederação.

Assim, conforme Gomes (2014), quando os Estados se organizam em blocos econômicos, devem adotar políticas comuns com a finalidade de buscar o próprio cumprimento de seus objetivos.

O exemplo que pode ser citado é a União Europeia: 18 países integram a Zona do Euro (moeda comum). Assim, todas as políticas macroeconômicas adotadas com a finalidade de garantir a estabilidade da Zona do Euro são adotadas pelo Banco Central Europeu.

Síntese

Neste capítulo, estudamos o conceito de direito de integração e os objetivos dos Estados para a formação dos blocos econômicos.

Objetivamente, podemos conceituar *bloco econômico* como um sujeito de direito internacional, dotado de personalidade jurídica derivada e capacidade jurídica limitada, cujo intuito é atingir determinados objetivos. Ainda que a integração, conforme mencionamos, tenha objetivos econômicos e comerciais, tendo em vista que os Estados buscam uma melhor inserção no mundo globalizado, a materialização dos blocos ocorre mediante a elaboração de um tratado, que efetivamente cria o bloco (Gomes, 2014).

Quanto ao multilateralismo e ao regionalismo econômico, ressaltamos que são conceitos complementares. O multilateralismo está ligado ao princípio da cláusula da nação mais favorecida (CNMF), art. 1º do GATT 1994, e o regionalismo econômico ao art. 24 do GATT 1994, que fundamenta os blocos econômicos. Assim, temos os seguintes estágios da integração regional:

» zona de livre comércio;
» união aduaneira;
» mercado comum;
» mercado comum e união monetária;
» integração política.

Consultando a legislação

Para aprofundar seus conhecimentos sobre o acordo constitutivo da Organização Mundial de Comércio (OMC) e o GATT 1994, acesse o seguinte documento:
ATA final que incorpora os resultados das negociações comerciais multilaterais da Rodada Uruguai. Marraqueche, 15 abr. 1994. Disponível em: <http://www.planalto.gov.br/ccivil_03/decreto/1990-1994/anexo/and1355-94.pdf>. Acesso em: 20 mar. 2015.

Para saber mais

Para obter mais informações sobre a globalização, sua conceituação e seus efeitos, recomendamos a leitura das obras do sociológo britânico Anthony Guiddens. De maneira simplificada, indicamos a seguinte entrevista publicada na revista Exame:
SALGADO, E. "Somos os pioneiros de uma nova era", diz Anthony Guiddens. *Exame*, 25 dez. 2013. Disponível em: <http://exame.abril.com.br/revista-exame/edicoes/1056/noticias/somos-os-pioneiros-de-uma-nova-era>. Acesso em: 10 abr. 2015.

Já acerca da formação dos blocos econômicos no cenário da globalização, consulte:
PEDROSO, I. V. C. P. Globalização, comércio mundial e formação de blocos econômicos. *Educação*: simplifique seus estudos para o Enem. Disponível em: <http://educacao.globo.com/artigo/globalizacao-comercio-mundial-formacao-de-blocos-economicos.html>. Acesso em: 10 abr. 2015.

Para saber mais sobre a atual crise do euro e sua correlação com a crise mundial, é interessante a reportagem de Marcelo Justo, da BBC Mundo, que apresenta uma análise sobre a sobrevivência do euro:

JUSTO, M. A Europa é a principal ameaça para a economia mundial? *BBC Mundo*, 6 set 2014. Disponível em: <http://www.bbc.co.uk/portuguese/noticias/2014/09/140905_analise_crise_zona_euro_lgb>. Acesso em: 10 abr. 2015.

Questões para revisão

1) (Adaptada de Esaf – 2005 – Auditor Fiscal da Receita Federal). A adoção da cláusula da nação mais favorecida (CNMF) pelo modelo do Acordo Geral sobre Tarifas e Comércios (GATT) teve como indicativo e desdobramento a pressuposição da igualdade econômica de todos os participantes do GATT, bem como, no plano fático:
   a. a luta contra práticas protecionistas, a exemplo da abolição de acordos bilaterais de preferência.
   b. a manutenção de barreiras alfandegárias decorrentes de acordos pactuados entre blocos econômicos, a exemplo do trânsito comercial entre membros do Mercosul e da União Europeia, criando-se vias comerciais preferenciais frequentadas e protagonizadas por atores globais que transcendem o conceito de Estado-nação.
   c. a liberação da prática de imposição de restrições quantitativas às importações, por parte dos Estados signatários, que, no entanto, podem manter políticas de restrições qualitativas.
   d. a liberalização do comércio internacional, mediante a vedação de quaisquer restrições diretas e indiretas, fulminando-se a tributação na exportação, proibida pelas regras do GATT, que especificamente vedam a incidência de quaisquer exações nos bens e serviços exportados, de

acordo com tabela anualmente revista, e que complementa as regras do acordo.

e. o descontrole do comércio internacional, mediante a aceitação de barreiras tarifárias, permitindo-se a tributação interna, medida extrafiscal que redunda na exportação de tributos, instrumento de incentivo às indústrias internas e de manutenção de níveis ótimos de emprego, evidenciando-se as preocupações da Organização Mundial do Comércio em relação a mercados produtores e consumidores internos.

2) (Adaptada de Cespe – 2010 – Juiz do Trabalho TRT 1ª Região) Os blocos econômicos têm desenvolvido políticas de proteção social, com limites determinados pela ingerência das legislações nacionais e pelas divergências de ordenamentos jurídicos remanescentes. A respeito desse assunto, assinale a opção correta:

a. A Carta de Direitos Fundamentais da União Europeia de 2000 é apenas documento retórico, sem qualquer tutela nos tratados comunitários, especialmente no Tratado de Lisboa.
b. Na União Europeia, o Tratado de Lisboa incorporou formalmente a cláusula da solidariedade, definindo como ela se expressa na vida comunitária.
c. No Nafta, a livre circulação de pessoas não é admitida apenas em relação ao México, ocorrendo plenamente entre os Estados Unidos da América e o Canadá.
d. Cabe ao Tribunal Permanente de Revisão do Mercosul, sediado em Assunção, Paraguai, julgar conflitos trabalhistas transfronteiriços.
e. No Mercosul, a livre circulação de pessoas sofre restrições apenas em relação a países que não são membros plenos.

3) (Adaptada de Esaf – 2005 – Auditor Fiscal da Receita Federal). O estado X, principal importador mundial de brocas helicoidais, adquire o produto de vários países, entre eles os estados Y e Z. Alegando questões de ordem interna, o estado X, num dado momento, decide majorar o imposto de importação das brocas helicoidais provenientes de Y, e mantém inalterado o tributo para as brocas helicoidais oriundas de Z. Considerando que os países X, Y e Z fazem parte da Organização Mundial do Comércio, com base em que princípio da Organização o estado Y poderia reclamar a invalidade dessa prática?
   a. Princípio da transparência.
   b. Princípio do tratamento nacional.
   c. Respeito ao compromisso tarifário.
   d. Cláusula da nação mais favorecida (CNMF).
   e. Princípio da vedação do desvio de comércio.

4) Regionalismo e multilateralismo são conceitos complementares? Justifique.

5) Em que medida os blocos econômicos sugerem uma revisão do direito internacional clássico?

Questões para reflexão

1) Qual é a importância da globalização para a formação dos blocos econômicos?

2) De que forma a cultura pode ajudar para a formação dos blocos econômicos?

II

Acordos comerciais e a Organização Mundial do Comércio (OMC)

Conteúdos do capítulo

» Organização Mundial do Comércio (OMC).
» Livre comércio e pautas de negociação.
» Acordos preferenciais dentro da OMC.
» Novo regionalismo.

Após o estudo deste capítulo, você será capaz de:

1. entender o histórico, o conceito, a natureza jurídica e a importância da OMC no cenário mundial;
2. compreender a questão do livre comércio no âmbito da OMC e as pautas de negociação;
3. analisar as principais políticas das rodadas de negociação da OMC e temas afetos ao livre-comércio;
4. entender o conceito de acordo preferencial dentro da OMC;
5. dimensionar as perspectivas do chamado *novo regionalismo*.

Uma vez examinados os conceitos gerais referentes à integração econômica e as razões que levam os Estados a se associarem em blocos, é importante estudarmos, de forma mais detalhada, a OMC.

2.1 Organização Mundial do Comércio (OMC): antecedentes históricos

O panorama que levou à criação da OMC ocorreu após a Segunda Guerra Mundial e culminou com a Conferência de Bretton Woods, em 1944. De acordo com Magalhães (2010, p. 59), o processo foi "fundamentado no princípio da liberdade de iniciativa e de competição, tendo como pressuposto a igualdade jurídica dos Estados".

Magalhães (2010) ainda afirma, que a temática do direito ao desenvolvimento, adotada atualmente, passou a levar em consideração os critérios de desigualdade econômica dos Estados, com o objetivo de formar uma nova ordem econômica internacional.

Aliás, esse é o viés do livre comércio adotado na OMC, ou seja, a promoção do livre comércio por meio de sua regulamentação, mas levando em consideração as diferenças econômicas e comerciais dos Estados (Gomes, 2014).

Os acordos contribuíram decisivamente para a formação da nova estrutura mundial, pois ajudaram a reestruturar o sistema financeiro e econômico mundial, já que por meio deles foram criados: o Fundo Monetário Internacional (FMI), com a finalidade de, segundo Magalhães (2010, p. 66-67), "regulamentar o sistema financeiro internacional" com o intuito de "preservar o equilíbrio das moedas"; o Banco Internacional de Reconstrução e Desenvolvimento (Bird), com o intuito de "financiar projetos dos Estados-membros do Fundo Monetário Internacional, de longo prazo"; e a Organização Internacional do Comércio (OIC).

Magalhães (2010, p. 67) diferencia as competências do FMI e do Bird considerando que o primeiro "regula o sistema monetário" e o segundo "promove meios de desenvolvimento, mediante o fornecimento de recursos, sob certas condições, que permitam aos países-membros alcançar o desenvolvimento desejado".

Por outro lado, nas Conferências de Bretton Woods, os Estados também delinearam a criação de uma organização internacional que teria como objetivo a promoção do livre comércio, que seria a OIC. Entretanto, no mesmo período histórico, iniciava-se a Guerra Fria, entre os Estados Unidos e a União das Repúblicas Socialistas Soviéticas, o que levou os Estados Unidos a não ratificar a Carta de Havana (que concretizaria a OIC). Com a desistência norte-americana, o projeto naufragou, tendo em vista que aquele país foi seu principal idealizador (Gomes, 2014).

No período de 1947 a 1994, o comércio internacional foi regulamentado pelo GATT 1947 – Acordo Geral sobre Tarifas e Comércio* (Acordo..., 1947). Sobre o tema, Gomes (2014, p. 35) aponta que "Assim, precisamente de 1947 até 1994 o comércio internacional foi regulamentado pelo GATT-94 [...], tratado cuja finalidade foi a de adotar as políticas voltadas para a liberalização do comércio, através da redução progressiva de tarifas".

O GATT 1947 era um tratado multilateral de livre comércio, alterado pelo GATT 1994, oportunidade na qual foi criada a OMC.

---

* Para evitar que o leitor incorra em erro, cabe alertarmos que o GATT 1994 alterou o GATT 1947; não são documentos distintos, mas, ao contrário, compostos pela mesma base. Ou seja, os acordos da OMC incluem o Acordo Geral sobre Tarifas Aduaneiras e Comércio de 1994 (GATT 1994), o qual incorporou o Acordo Geral sobre Tarifas Aduaneiras e Comércio de 1947 (GATT 1947), conforme indicado nas notas preliminares do documento. Para acessá-lo, consulte o seguinte *site*: <http://www.mdic.gov.br/arquivo/secex/omc/acordos/gatt47port.pdf>.

Assim, os Estados que ratificaram o GATT 1947 passaram a se reunir com o objetivo de negociar as reduções das barreiras tarifárias. As rodadas de negociações realizadas dentro do GATT 1947, durante o período de 1947 até 1994, segundo Larragaña (2007), podem ser assim resumidas:

» 1947: Genebra, Suíça – contou com 23 participantes e um total de 122 reduções tarifárias.
» 1949: Annecy, França – contou com 13 Estados participantes e um total de 5.000 reduções tarifárias.
» 1951: Torquay, Reino Unido – contou com 38 Estados participantes e um total de 8.700 reduções tarifárias.
» 1956: Genebra, Suíça – contou com 26 Estados; inexistem dados sobre as reduções tarifárias.
» 1960-1961: Rodada Dillon, Genebra – contou com um total de 26 Estados participantes e um total de 4.000 reduções tarifárias.
» 1964-1967: Rodada Kennedy, Genebra – contou com 62 Estados envolvidos; inexistem dados sobre o número de reduções tarifárias.
» 1973-1979: Rodada Tóquio, Japão – contou com 102 Estados; inexistem dados em relação às reduções tarifárias.
» 1986-1994: Rodada Uruguai – contou com um total de 123 países; inexistem dados em relação ao número de reduções tarifárias.

Conforme esclarece Larragaña (2007, p. 51), "as Rodadas de negociação eram identificadas pelo nome das cidades ou países onde se realizavam [...] e pelos nomes de uma pessoa que se desejava homenagear [...]. Ao longo dessas rodadas de negociação foi montado um sistema de regras do comércio internacional".

O GATT 1947 criou regras gerais com o intuito de reduzir as tarifas aduaneiras e também em razão de alguns princípios, como, entre outros, a cláusula da nação mais favorecida (CNMF), a exceção à CNMF, o tratamento nacional*, a transparência, as cláusulas de salvaguarda** (Larragraña, 2007).

Vejamos resumidamente esses princípios (OMC, 2015e, tradução nossa, grifo do original):

> **Comércio sem discriminações**
> **1. Nação mais favorecida (NMF): igualdade de tratamento para todos os demais**
> Em virtude dos Acordos da OMC, os países não podem normativamente estabelecer discriminações entre seus diversos interlocutores comerciais. Se se concede a um país uma vantagem especial (por exemplo, a redução do valor da tarifa aplicável a um de seus produtos), tem-se de fazer o mesmo com todos os demais membros da OMC.
>
> Este princípio é conhecido como o tratamento da nação mais favorecida (NMF) e é tão importante que está no primeiro artigo do Acordo Geral sobre Tarifas e Comércio (GATT), que regula o comércio de bens. O princípio NMF é também prioritário no Acordo Geral sobre o Comércio de Serviços (AGCS) (art. 2°) e no Acordo sobre os Aspectos dos Direitos de Propriedade Intelectual Relacionados ao Comércio (Trips) (art. 4°), embora em cada acordo o princípio seja tratado de forma ligeiramente diferente. Juntos, esses três acordos abrangem todas as três principais áreas do comércio de que se ocupa a OMC, sendo que há determinadas exceções ao princípio.

[...]

---

* A cláusula de tratamento nacional proíbe a discriminação entre produtos nacionais e importados.

** Conceitos que serão abordados mais adiante neste capítulo.

2. Tratamento nacional: igualdade de tratamento entre produtos nacionais e estrangeiros

Os produtos importados e os produtos no país devem receber o mesmo tratamento, pelo menos depois que as mercadorias estrangeiras entraram no mercado. O mesmo deve acontecer no caso de serviços nacionais e estrangeiros e nas marcas registradas ou comerciais, direitos autorais e patentes nacionais. Este princípio de "tratamento nacional" (dar aos demais o mesmo tratamento que aos nacionais) figura também nos três principais acordos da OMC (art. 3º do GATT, art. 17 do AGCS e artigo 3º do Trips), [...]

Comércio mais livre: de maneira gradual, mediante negociações

[...]

Desde a criação do GATT, em 1947-48, foram realizadas oito rodadas de negociações comerciais. Atualmente, está em curso uma nona rodada, no âmbito da Agenda de Doha para o desenvolvimento. [...]

Promoção de uma competição leal

Algumas vezes se descreve a OMC como uma instituição de "livre comércio", o que não é completamente exato. O sistema permite a aplicação de tarifas e, em circunstâncias restritas, outras formas de proteção. Assim, é mais exato dizer que a OMC é um sistema de normas dedicadas a uma competição livre, leal e sem distorções. [...]

Muitos dos demais acordos da OMC estão destinados a apoiar a concorrência leal, por exemplo, na agricultura, na propriedade intectual e nos serviços. [...]

Promoção do desenvolvimento e da reforma econômica

O sistema da OMC contribui para o desenvolvimento. Além disso, os países em desenvolvimento necessitam de flexibilidade no tempo que levam para implementar acordos do sistema. E os próprios acordos herdam as disposições anteriores do GATT que permitem a assistência e concessões comerciais especiais para os países em desenvolvimento.

Mais de três quartos dos membros da OMC são países em desenvolvimento e países em transição para economias de mercado. Durante os sete anos e meio da Rodada Uruguai, mais de 60 destes países implementaram programas de liberalização autônoma do comércio. Ao mesmo tempo, os países em desenvolvimento e as economias em transição foram muito mais ativos e influentes nas negociações da Rodada Uruguai do que em qualquer rodada anterior, e são ainda mais na atual agenda de Doha para o Desenvolvimento. [...]

Inquestionavelmente, conforme aponta Gomes (2014), a Rodada Uruguai, que foi iniciada no ano de 1986 e terminou no ano de 1994, em Marraqueche, representou um grande avanço dentro do sistema de comércio internacional. Ressaltamos que a OMC tem a sua sede em Genebra, na Suíça, sendo composta por 161 países-membros (OMC, 2015d).

De acordo com Gomes (2014, p. 41), a OMC é classificada como:

uma organização internacional, de caráter multilateral e com finalidade técnica, tendo competência para promover o livre comércio através de sua regulamentação. Trata-se de um verdadeiro foro de negociação, no qual se reúnem todos os países membros que, periodicamente, deliberam sobre as políticas voltadas para a liberalização do comércio internacional.

Inquestionavelmente, um dos grandes avanços da Rodada Uruguai foi a inserção de outras políticas comerciais, que antes eram voltadas única e exclusivamente à redução das barreiras tarifárias.

Assim, o chamado *quadro normativo* da OMC ficou composto por: GATT 1994; GATS (Acordo Geral sobre o Comércio de Serviços); Trips (Acordo Relativo aos Direitos de Propriedade Intelectual, Relacionados ao Comércio); e OSC (Órgão de Solução de Controvérsias), além dos chamados *acordos plurilaterais*, referentes ao comércio de aeronaves civis e à contratação pública (Gomes, 2014).

Apresentamos, na Figura 2.1, a estrutura organizacional da OMC.

Figura 2.1 – Estrutura da OMC

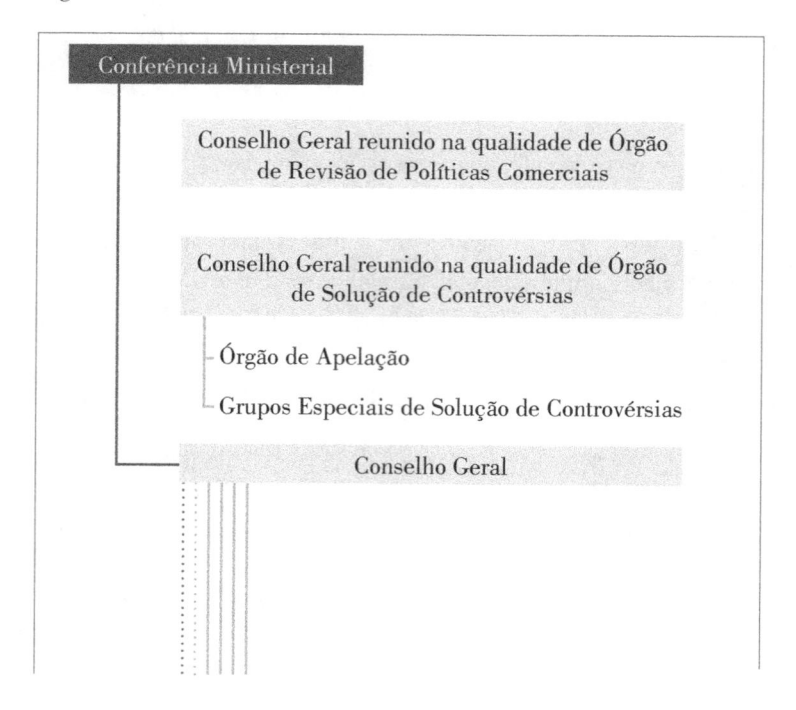

- Conferência Ministerial
  - Conselho Geral reunido na qualidade de Órgão de Revisão de Políticas Comerciais
  - Conselho Geral reunido na qualidade de Órgão de Solução de Controvérsias
    - Órgão de Apelação
    - Grupos Especiais de Solução de Controvérsias
  - Conselho Geral

Comitês de
  Comércio e Meio Ambiente
  Comércio e Desenvolvimento
    Subcomitê de Países Menos Desenvolvidos
  Acordos Comerciais Regionais
  Restrições de Balanço de Pagamentos
  Assuntos Orçamentários, Financeiros e Administrativos

Grupos de Trabalho sobre
  Adesões

Grupos de trabalho sobre
  Comércio, Dívida e Finanças
  Comércio e Transferência de Tecnologias
  (Inativos:
  Relações entre Comércio e Investimento
  Interação entre Comércio e Política de Concorrência
  Transparência em Compras Governamentais)

Conselho de Comércio de Bens

Comitês de
  Acesso a Mercados
  Agricultura
  Medidas Sanitárias e Fitossanitárias
  Barreiras Técnicas ao Comércio
  Subsídios e Medidas Compensatórias
  Práticas Antidumping
  Valorização Aduaneira
  Regras de Origem
  Licenças de Importação
  Medidas de Investimento Relacionadas
  ao Comércio
  Salvaguardas

Grupo de Trabalho sobre
  Empresas Comerciais do Estado

Acordos Plurilaterais
  Comitê de Acordo sobre Tecnologia da Informação

```
                    Conselho de Direitos de Propriedade Intelectual
                    Relacionados ao Comércio (Conselho Trips)

                    Conselho do Comércio de Serviços
                            |
                        Comitês de
                            Comércio de Serviços Financeiros
                            Compromissos Específicos
                        Grupo de Trabalho sobre
                            Regulamentação Doméstica
                            Normas do GATS

                    Acordos Plurilaterais
                        Comitê de Comércio de Aeronaves Civis
                        Comitê de Compras Governamentais

                Programa de Doha para o Desenvolvimento: CNC e
                                  seus órgãos
                        Comitê de Negociações Comerciais
                Reuniões Especiais de
                    Conselho de Comércio de Serviços / Conselho Trips /
                    Órgão de Solução de Controvérsias / Comitê de Agricultura
                    e Subcomitê sobre Algodão / Comitê de Comércio e
                    Desenvolvimento / Comitê de Comércio e Meio Ambiente
                Grupos de Negociação sobre
                    Acesso a mercados / Regras / Facilitação ao Comércio
```

Explicação

— Reportam-se ao Conselho Geral (ou a um órgão subsidiário).
— Reportam-se ao Órgão de Solução de Controvérsias.
··· Os Comitês de Acordos Plurilaterais reportam suas atividades ao Conselho Geral ou ao Conselho de Comércio de Bens, mesmo que esses acordos não tenham sido assinados por todos os membros da OMC.
··· O Comitê de Negociações Comerciais se reporta ao Conselho Geral.

O Conselho Geral se reúne também na qualidade de Órgão de Exame de Políticas Comerciais e Órgão de Solução de Controvérsias. [...]

Fonte: OMC, 2015b, tradução nossa.

A seguir, indicamos os principais órgãos da OMC, destacando que as decisões dentro da organização são adotadas mediante consenso entre os Estados (Larragraña, 2007, p. 59):

» **Conselho Geral**: É composto por representantes de todos os Estados que integram a OMC, sendo o seu órgão de direção.

» **Órgão de Solução de Controvérsias (OSC)**: É dotado de competências para dirimir as controvérsias comerciais existentes entre os Estados em relação às violações às regras da OMC.

» **Órgão de Revisão de Política Comercial**: Examina as políticas comerciais dos Estados e as regras da OMC.

» **Conselho de Bens**: Acompanha a implementação de políticas de bens da OMC.

» **Conselho de Serviços**: Acompanha a implementação de políticas de serviços dentro da OMC.

» **Conselho de Propriedade Intelectual**: acompanha os trabalhos referentes à propriedade intelectual.

» **Comitês Especializados**.

» **Secretariado Geral**: É o órgão de direção máxima da OMC; cargo exercido pelo seu diretor-geral, escolhido pela Conferência Ministerial.

Apresentadas as informações referentes à criação da OMC, na próxima seção abordaremos os temas relacionados às políticas comerciais nessa organização, derivadas das rodadas de negociação que ocorreram posteriormente à Rodada Uruguai e que ensejaram as políticas comerciais na OMC.

2.2 Livre comércio na OMC

Com o intuito de esclarecermos a questão do livre comércio na OMC, precisamos destacar os principais pontos das rodadas de negociações realizadas após a Rodada Uruguai, uma vez que elas apresentam as principais pautas da agenda internacional trazidas pelos Estados.

» **Rodada de Cingapura (1996)**
Foi a primeira reunião realizada pela OMC após a sua criação e teve por objetivos principais avaliar os compromissos assumidos no âmbito dos acordos da organização, assim como a própria evolução do comércio mundial, e preparar a OMC para os desafios futuros da economia mundial (OMC, 1996).

Na Rodada de Cingapura, foram destacados os pontos referentes ao comércio internacional e à necessidade de crescimento econômico entre os Estados, tendo em vista que se tratava da primeira rodada de negociação realizada após a criação da OMC e que era necessária a adoção de políticas voltadas à integração das economias. Também foram debatidos temas transversais, como a possibilidade de adoção de uma cláusula social na OMC com o intuito de estabelecer regras mínimas em relação aos direitos trabalhistas, de modo a demonstrar a relação entre comércio internacional e direitos sociais, políticas voltadas a uma melhor inserção das economias em desenvolvimento na OMC, entre outras políticas (OMC, 1996).

» **Rodada de Genebra (1998)**
Foram debatidas as políticas referentes aos acordos comerciais negociados na Rodada de Marraqueche (que criou a OMC) e pautas a serem debatidas com as economias menos desenvolvidas (OMC, 1998).

» **Rodada de Seattle (1999)**

A Conferência Ministerial de Seattle foi precedida de uma grande expectativa na OMC, notadamente porque teria a finalidade de se consolidar como a rodada mais importante desde a criação da OMC, pois iria, de uma vez por todas, promover o livre comércio em várias áreas, como serviços, bens, acesso a mercados e agricultura. Todavia, mesmo antes de seu início, a Rodada de Seattle ficou marcada por inúmeros protestos por parte de grupos ambientalistas e outros movimentos antiglobalização e contrários ao livre comércio. Portanto, a Rodada de Seattle não trouxe resultados concretos aos Estados, tendo em vista a impossibilidade da realização de negociações em virtude dos protestos existentes (OMC, 1999).

» **Rodada de Doha (2001)**

De acordo com Larragraña (2007, p. 63), a Rodada de Doha "abriu uma nova rodada de negociações sobre o comércio multilateral" e não se encerrou em virtude da "inflexibilidade dos negociadores da maioria dos países". É importante destacar que na Rodada de Doha o principal impasse foi o tema da agricultura e a formação do chamado *G-20* (bloco de países em desenvolvimento e que buscam melhores condições de negociações na área da agricultura). Entre os países que integram o G20, segundo Veiga (2015), estão Brasil, México, China e África do Sul. Eles passaram a defender na OMC a eliminação das políticas de subsídios, praticadas principalmente pelos Estados Unidos e pela União Europeia.

» **Cancun (2003); Hong Kong (2005); Genebra (2009); Genebra (2011)**

Essas rodadas de negociações, em virtude do impasse agrícola, não tiveram qualquer êxito, o que gerou certo descrédito na OMC, tendo em vista o impasse gerado na Rodada de Doha de 2001.

» **Rodada de Bali (2013)**

Essa conferência ministerial foi o grande êxito do novo diretor geral da OMC, o brasileiro Roberto de Azevedo, uma vez que os Estados conseguiram avançar nas negociações da Rodada de Doha, celebrando o chamado *Acordo de Bali*.

É importante levar em consideração que a OMC trabalha com políticas voltadas ao livre comércio; assim, os temas referentes a bens e produtos, principalmente, podem envolver temas conexos, como meio ambiente e direitos sociais.

Assim, normas, regulamentos ou políticas adotadas por um Estado com o objetivo de proteger o meio ambiente são barreiras lícitas ao livre comércio (denominadas *barreiras não tarifárias*). Como exemplo de barreira não tarifária, temos a proibição de importações de mercadorias que possam causar danos ao meio ambiente, como o caso das carcaças de pneus usados (que eram importadas pelo Brasil para fabricar pneus remoldados).

Ocorre que, muitas vezes, as referidas barreiras não tarifárias podem ter por finalidade proteger o mercado interno, em vez de proteger o meio ambiente. Nesse caso, a barreira não tarifária viola as regras da OMC, ou seja, trata-se de uma barreira não tarifária ilícita, traduzida em uma prática ilícita ao livre comércio. Um bom exemplo de barreira não tarifária ilícita é a proibição de importação de produtos agrícolas sob a alegação de que se trata de produtos transgênicos, sem que, em verdade, exista qualquer comprovação da origem dos referidos produtos.

Observemos que a OMC não é o foro específico para que os Estados negociem temas voltados à proteção ao meio ambiente. No entanto, desde que as normas internas dos Estados violem o livre comércio e não se enquadrem no disposto no art. 20 do GATT 1994*, a OMC, por meio do seu OSC, poderá intervir.

> **Para saber mais**
>
> Podemos citar como exemplos de intervenção da OMC os emblemáticos casos que envolveram camarões e tartarugas, atuns e golfinhos. Para saber mais acerca do tema *meio ambiente* e sua correlação com a OMC, consulte:
> OMC – Organización Mundial Del Comercio. *Declaración Ministerial de Singapur.* Adoptada el 13 de diciembre de 1996. Singapur, 1996. Disponível em: <https://www.wto.org/spanish/thewto_s/minist_s/min96_s/wtodec_s.htm#purpose>. Acesso em: 20 mar. 2015.

Outro tema importante e muito debatido na OMC diz respeito à adoção de uma cláusula social com a finalidade de proteger os direitos dos trabalhadores.

No que diz respeito à proteção aos direitos sociais, inquestionavelmente o tema é de competência da Organização Internacional do Trabalho (OIT), notadamente mediante a existência de um consenso entre os países membros da OMC quanto à existência de convenções fundamentais da OIT que estabeleçam as condições mínimas dos trabalhadores e que, portanto, sejam observadas e seguidas pelos Estados que praticam o livre comércio.**

Todavia, a proposta de adoção de uma cláusula social naufragou na Rodada de Cingapura pela falta de consenso entre os Estados

---

* Para conferir o texto do art. 20 do GATT 1994, consulte Acordo... (1947).
** Para mais informações, consulte OMC (2015g).

negociadores, conforme podemos constatar a seguir (OMC, 2015g, tradução nossa, grifo do original):

> **Consenso sobre as normas fundamentais: competência da OIT**
>
> *Existe um consenso claro sobre um aspecto: os governos dos Estados-membros da OMC estão comprometidos a aplicar uma série de normas "fundamentais" internacionalmente reconhecidas: liberdade de associação, proibição do trabalho forçado, proibição do trabalho infantil e não discriminação no trabalho (incluindo a discriminação de gênero).*
>
> *Na Conferência Ministerial de Cingapura de 1996, os membros definiram o papel da OMC nos assuntos e determinaram que o órgão competente para negociar as normas do trabalho seria a Organização Internacional do Trabalho (OIT). Os Conselhos e Comitês da OMC não realizaram nenhum trabalho a esse respeito; não obstante, as Secretarias das duas organizações colaboram em questões técnicas sob a bandeira da "coerência" na elaboração das políticas econômicas globais.*
>
> *[...]*
>
> **O que tem acontecido na OMC?**
>
> *Na OMC esse tema tem sido objeto de intenso debate, especialmente em 1996 e 1999. Foi na Conferência de Cingapura de 1996 que os membros concordaram em comprometer-se com reconhecidas normas fundamentais do trabalho, embora estas não devam ser utilizadas para fins protecionistas. A Declaração decidiu que não haveria de se questionar a vantagem econômica dos países de baixos salários, mas que os Secretariados da OMC e da OIT continuariam a trabalhar em conjunto.*

Em suas observações finais, o presidente, Sr. Yeo Cheow Tong, Secretário de Estado do Comércio e Indústria de Cingapura, acrescentou que a Declaração não incluía o tema do trabalho na agenda da OMC. Os países interessados poderiam seguir pressionando em favor de um maior interesse por parte da OMC, mas até então não havia comitê ou grupo de trabalho para lidar com essa questão.

Essa questão também foi levantada na Conferência Ministerial de Seattle, em 1999, mas nenhum acordo foi alcançado. Na Conferência Ministerial de Doha, de 2001, se reafirmou a Declaração de Cingapura sobre o trabalho, sem que se produzisse nenhum debate específico.

Indiretamente também se fez referência a essa questão no Relatório do Órgão de Recurso (ver parágrafo 182) sobre o litígio interposto pela Índia contra as Comunidades Europeias relativo às condições de concessão de preferências tarifárias para os países em desenvolvimento.

Outro tema que merece destaque na OMC são as políticas adotadas pelos Estados que têm por objetivo proteger o meio ambiente (barreiras não tarifárias), mas que, em verdade, se traduzem em políticas para causar obstáculos ao livre comércio. Nesse sentido, cabe a atuação do OSC da OMC com o intuito de examinar se a conduta adotada pelo Estado eventualmente viola os princípios do livre comércio, conforme podemos ler a seguir (OMC, 2015f, tradução nossa, grifo do original):

> *Nos 60 anos de história do sistema multilateral do comércio, a crescente importância dada às políticas ambientais é relativamente recente. Ao finalizar a Rodada Uruguai, em 1994, os Ministros de Comércio dos países participantes decidiram iniciar um programa de trabalho sobre comércio e meio ambiente no âmbito*

*da OMC. Estabeleceram o **Comitê de Comércio e Meio Ambiente**, que incorporou questões ambientais e do desenvolvimento sustentável do trabalho da OMC. Na Conferência de Doha, em 2001, iniciaram-se as negociações sobre alguns aspectos desse tema.*

O Comitê: responsabilidade de base ampla

O Comitê tem uma ampla responsabilidade, que abarca todas as esferas do sistema multilateral do comércio: bens, serviços e propriedade intelectual. Sua missão é estudar a relação existente entre comércio e meio ambiente e formular recomendações sobre mudanças que possam ser necessárias em acordos comerciais.

O trabalho do Comitê se baseia em dois importantes princípios:

- *A OMC somente é competente na esfera do comércio. Dito de outro modo, nas questões ambientais sua única tarefa é estudar os problemas que surgem quando as políticas em matéria de meio ambiente têm efeitos importantes no comércio. A OMC não é um organismo que se ocupa do meio ambiente. Seus membros não querem intervenção nas políticas ambientais nacionais ou internacionais nem querem o estabelecimento de normas a esse respeito. Há outros organismos especializados em questões ambientais que estão mais capacitados para realizar tais tarefas.*

- *Se o Comitê identifica problemas, as soluções têm de seguir ajustando-se aos princípios do sistema de comércio da OMC.*

De forma sintética, os membros da OMC estão convencidos de que um sistema multilateral de comércio aberto, equitatito e não discriminatório pode trazer uma contribuição decisiva aos esforços nacio-

nais e internacionais encaminhados para proteger melhor e conservar os recursos ambientais e promover o desenvolvimento sustentável. Isso foi reconhecido no resultado da Conferência das Nações Unidas sobre Meio Ambiente e Desenvolvimento, realizada no Rio em 1992 (a "Cimeira da Terra"), e em sua sucessora, a Cúpula Mundial sobre Desenvolvimento Sustentável, em Joanesburgo, em 2002.

O programa de trabalho do Comitê concentra-se em 10 esferas. Sua agenda é baseada em propostas que os membros individuais da OMC fazem sobre questões de importância para eles. [...]

Finalmente, ao abordarmos o livre comércio na OMC, devemos destacar e esquematizar os princípios aplicáveis, bem como as políticas que podem ser adotadas pelos Estados que violam o livre comércio e determinadas medidas de exceção.

Em relação aos princípios, conforme já mencionamos, é importante relembrarmos a CNMF, que está ligada aos princípios do tratamento nacional e da não discriminação*.

Devemos observar, ainda, o princípio do favorecimento às economias menores, previsto no art. 23 do GATT 1994, o qual "assevera que os Estados (economias) menos favorecidos poderão ter um tratamento mais favorável em relação a determinadas políticas, de forma a tornar o comércio internacional mais justo e equilibrado" (Gomes, 2014, p. 57).

---

* Como explicamos, o princípio da não discriminação estabelece que as mercadorias estrangeiras, uma vez importadas, não podem ser discriminadas dentro do mercado nacional. Pelo princípio do tratamento nacional, a mercadoria importada, a partir do momento em que ingressa no mercado nacional, deve receber tratamento equivalente ao seu similar nacional (Gomes, 2014).

Em relação às condutas adotadas pelos Estados e regulamentadas pela OMC e que podem, eventualmente, violar o livre comércio, podemos citar as seguintes:

» **Barreiras tarifárias**: São todas aquelas que guardam relação com a fixação de alíquotas de impostos de exportação e de importação. Como visto antes, até a Rodada Uruguai as negociações eram realizadas entre os Estados dentro do GATT 1947. Assim, sempre que uma mercadoria, salvo exceções, estiver com uma alíquota fora da média negociada no âmbito da OMC, haverá a imposição de uma barreira tarifária ilícita e o Estado deverá adequar-se às regras e políticas da OMC (Gomes, 2014).

» **Barreiras não tarifárias**: Conforme mencionamos anteriormente, tais barreiras constam do art. 20 do GATT 1994 e têm por objetivo proteger a saúde animal, vegetal ou humana. Pode-se justificar tal barreira, desde que aplicada licitamente, com o intuito de proteção ao meio ambiente. Sempre que utilizada com o objetivo de favorecer o mercado nacional, injustificadamente, será caracterizada como barreira não tarifária ilícita (Gomes, 2014).

» ***Dumping***: Consiste na venda de um produto abaixo de seu preço de custo, conforme disposto no art. 6º do GATT 1994. Cabe ao Estado combater a prática do *dumping* em seu mercado. Já o chamado *dumping social* decorre de uma prática realizada pelas empresas transnacionais que se instalam em mercados em que não há regulamentação e proteção dos direitos sociais e que buscam obter mais lucro na venda de seus produtos mediante a redução dos custos com a mão de obra (violação dos direitos sociais). Podem ser citadas as seguintes práticas: trabalho em jornada excessiva e sem o devido descanso, trabalho em condições insalubres, violação ao direito de usufruir de férias, trabalho em condições análogas à de escravidão etc. (Gomes, 2014).

» **Subsídio**: Regulamentado no art. 11 do GATT 1994, o subsídio é um auxílio concedido pelo Estado a um determinado setor da economia com o intuito de auxiliá-lo. O que nos interessa abordar são os subsídios ilícitos, como o auxílio agrícola concedido pelos Estados Unidos e pela União Europeia aos seus agricultores locais. O valor final dos produtos agrícolas (em decorrência do auxílio concedido) será resultado de um valor irreal, o que prejudica os exportadores de produtos agrícolas de outros países. O Brasil já acionou a União Europeia e os Estados Unidos contra a prática de subsídios no setor agrícola.

Além dos conceitos elencados, devemos atentar à chamada *cláusula de salvaguarda*, prevista no art. 19 do GATT 1994. Tal cláusula é conceituada como uma medida excepcional, temporária e justificável, que pode ser adotada pelo Estado quando determinado setor de sua indústria não pode fazer frente a um mesmo segmento da indústria estrangeira. Nesse caso, o Estado, de maneira lícita, pode "proteger" o setor da indústria, concedendo incentivos, de forma a torná-lo apto a concorrer no cenário internacional, transcorrido um determinado período (Gomes, 2014).

Finalmente, devemos mencionar que as controvérsias dentro da OMC sempre envolvem os Estados, porque são eles os integrantes da organização e são eles que, portanto, dispõem da legitimidade ativa ou passiva para acionar o OSC.

O OSC pode ser assim entendido, segundo a OMC (2015k, tradução nossa): "As diferenças que surgem na OMC se referem a promessas não cumpridas. Os membros da OMC estabeleceram que, na hipótese da constatação de violação às normas da OMC por parte de outros Estados, em vez de se adotarem medidas unilaterais, a via correta é buscar solucionar a controvérsia através do OSC".

O procedimento para a solução da controvérsia está representado na Figura 2.2.

Figura 2.2 – Procedimentos do sistema de solução de controvérsias

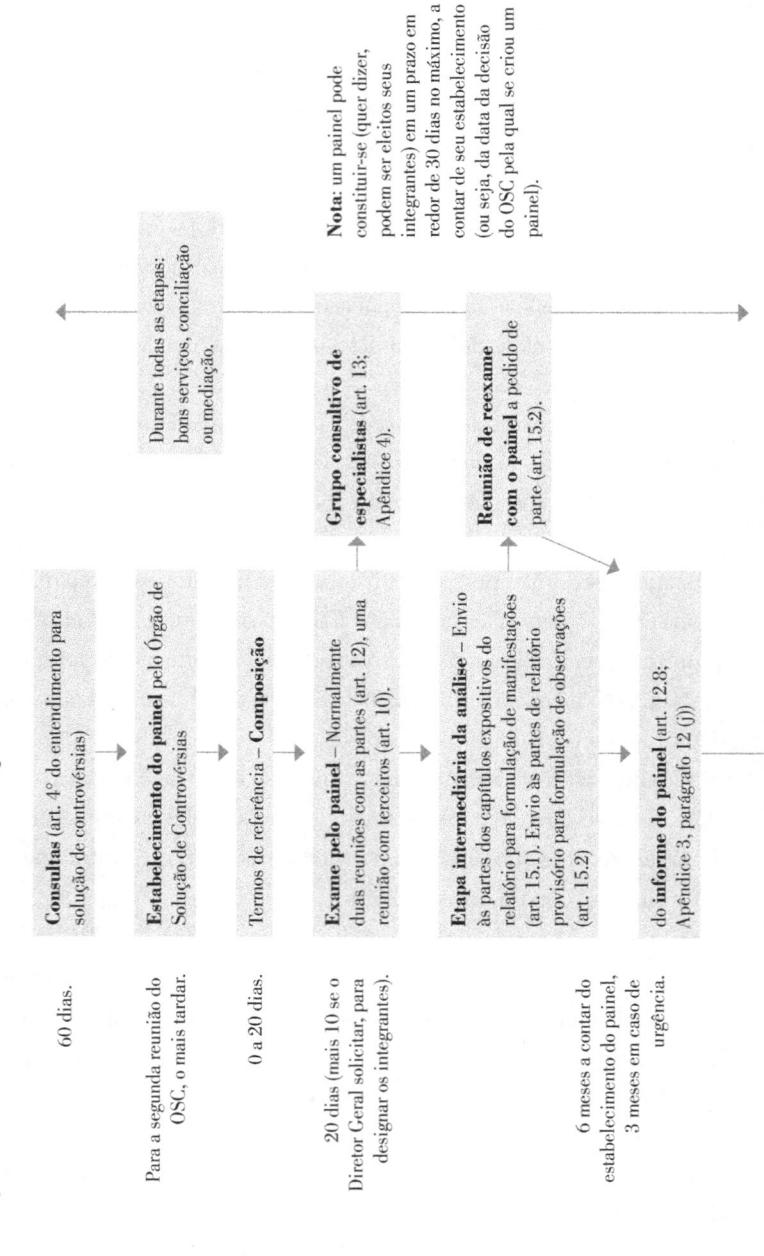

Prazo	Etapa
60 dias.	**Consultas** (art. 4º do entendimento para solução de controvérsias)
Para a segunda reunião do OSC, o mais tardar.	**Estabelecimento do painel** pelo Órgão de Solução de Controvérsias
0 a 20 dias.	Termos de referência – **Composição**
20 dias (mais 10 se o Diretor Geral solicitar, para designar os integrantes).	**Exame pelo painel** – Normalmente duas reuniões com as partes (art. 12), uma reunião com terceiros (art. 10).
	Etapa intermediária da análise – Envio às partes dos capítulos expositivos do relatório para formulação de manifestações (art. 15.1). Envio às partes de relatório provisório para formulação de observações (art. 15.2)
6 meses a contar do estabelecimento do painel, 3 meses em caso de urgência.	**do informe do painel** (art. 12.8; Apêndice 3, parágrafo 12 (j))

Durante todas as etapas: bons serviços, conciliação ou mediação.

Grupo consultivo de especialistas (art. 13; Apêndice 4).

Reunião de reexame com o painel a pedido de parte (art. 15.2).

Nota: um painel pode constituir-se (quer dizer, podem ser eleitos seus integrantes) em um prazo em redor de 30 dias no máximo, a contar de seu estabelecimento (ou seja, da data da decisão do OSC, pela qual se criou um painel).

Até 9 meses a contar do estabelecimento do painel.

Distribuição do **relatório do painel** aos membros (art. 12.9; Apêndice 3, parágrafo 12 (k)).

Em torno de 90 dias.

60 dias no caso de relatório do painel, a menos que ocorra apelação.

Adoção pelo OSC do relatório (ou relatórios) do painel ou Órgão de Apelação com inclusão das modificações do relatório do painel que possam vir do relatório do Órgão de Apelação (art. 16.1, 16.4 e 17.14).

Análise de apelação (arts. 16.4 e 17)

...30 dias no caso de relatório do Órgão de Apelação.

Prazo total para a adoção dos relatórios: Normalmente, até 9 meses (sem apelação) ou 12 meses (com apelação) a contar da data de estabelecimento do painel (art. 20).

Prazo prudencial: determinado ou proposto pelo membro afetado e aprovado pelo OSC; ou convencionado entre as partes em questão; ou determinado mediante arbitragem (15 meses aproximadamente, neste caso).

Aplicação do relatório pela parte perdedora em seus propósitos quanto à aplicação em um prazo prudencial. (art. 21.3)

Desacordo quanto à aplicação: Possibilidade de recorrer aos procedimentos vigentes, incluindo o recurso ao painel que tratou inicialmente do assunto (art. 21.5).

Em casos de descumprimento as partes negociarão uma compensação até a plena aplicação das resoluções (art. 22.2)

30 dias, a contar do fim do prazo prudencial.

Adoção de medidas de retaliação – Se não se chegar a um acordo quanto à compensação, o OSC autoriza a adoção de medidas de retaliação até a plena aplicação das resoluções (art. 22). **Medidas de retaliação cruzada** – no mesmo setor, outros setores, outros acordos (art. 22.3)

Possibilidade de arbitragem com respeito ao âmbito da suspensão se alega que não foram seguidos os princípios e procedimentos relativos a medidas de retaliação (arts. 22.6 e 22.7).

90 dias.

Fonte: OMC, 2015h, tradução nossa.

Uma vez conhecido o funcionamento do comércio internacional, as normas e a estrutura institucional da OMC, na próxima seção passaremos a examinar os acordos preferenciais no âmbito dessa organização.

2.3 Acordos preferenciais de comércio na OMC e seus impactos

No comércio internacional, a celebração de acordos preferenciais entre os Estados ocorre desde o século XIX, a partir dos Principados Germânicos unidos em *Zollverein**, em 1833, e com os acordos bilaterais celebrados pelos Estados Unidos no mesmo período (Oliveira; Badin, 2013). Tais acordos foram institucionalizados no GATT 1947 com a criação dos blocos econômicos e fundamentados no disposto em seu art. 24.

Em verdade, quando se trata de acordos preferenciais na OMC, a ideia é o regionalismo; assim, os chamados *acordos preferenciais de comércio* se traduzem em negociações celebradas entre os Estados, na OMC, com o intuito de estabelecer regras e procedimentos recíprocos em termos econômicos e comerciais.

Atualmente, além dos blocos econômicos, vistos no capítulo anterior, o que se verifica na OMC é justamente uma proliferação de acordos comerciais entre os Estados. Certo é que, pela teoria econômica, os blocos econômicos são igualmente conceituados como *acordos preferenciais*, uma vez que se enquadram nas regras do art. 24 do GATT 1994.

---

* Zollverein: significa "união aduaneira", em alemão, pressupunha a abolição de tarifação entre os membros.

Oliveira e Badin (2013, p. 28) asseveram que "a multiplicação de regulações que estruturam os acordos preferenciais traz complexidade às trocas internacionais e tenciona com a lógica de integração do regime multilateral institucionalizado". Os autores ainda afirmam que, na verdade, o que existe é uma série de acordos comerciais entrelaçados na OMC, sendo necessária a criação de regras e critérios específicos para permitir a coexistência entre eles. Assim, tamanho seria o entrelaçamento entre os acordos comerciais que a consequência seria a "liberalização do comércio multilateral" (Oliveira; Badin, 2013, p. 29). O que se busca, portanto, com os acordos preferenciais comerciais é uma cooperação entre Estados, com o intuito de promover o livre comércio.

Conforme dados extraídos do *site* da OMC (2015a), até o mês de junho do ano de 2014 havia 538 acordos complementares regionais (ou comerciais); destes, 379 estão em vigor, os quais resultam de acordos comerciais recíprocos entre duas ou mais economias envolvendo mercadorias ou serviços.*

Normalmente, como mencionamos anteriormente, os acordos preferenciais comerciais envolvem bens e serviços. No que diz respeito aos bens, a regra é a do art. 24 do GATT 1994, ao passo que a regra que fundamenta os acordos preferenciais na área de serviços é a do art. 5º (integração econômica) do GATS de 1994.

---

* Conforme estabelece o *site* da OMC (2015e), são exemplos de acordos preferenciais regionais, além dos blocos econômicos, como o Mercosul, a União Europeia e o Nafta, o Comesa (Mercado Comum da África Oriental e Meridional), a Asean (Associação das Nações Asiáticas), entre outros. Para conhecer a lista de acordos preferenciais regionais, consulte o seguinte *link* da World Trade Organization: <http://rtais.wto.org/UI/PublicPreDefRepByRTAName.aspx>.

> **Para saber mais**
>
> Para saber mais sobre os modos de prestação de serviços de acordo com o GATS, consulte:
> BRASIL. Ministério do Desenvolvimento, Indústria e Comércio Exterior. *O que e quais são os modos de prestação de acordo com o Acordo Geral sobre o Comércio de Serviços (GATS)*. Disponível em: <http://www.mdic.gov.br/arquivos/dwnl_1294258853.pdf>. Acesso em: 16 maio 2015.

Com a criação da OMC, o regionalismo tradicional passou a ser pautado pela mera concessão de vantagens econômicas e comerciais entre os parceiros. Assim, essa era a tônica da formação dos blocos econômicos, como a Ceca – Comunidade Europeia do Carvão e do Aço (Tratado de Roma, 1957), a Alalc – Associação Latino-Americana de Livre Comércio (Tratado de Montevidéu, 1960) ou a Aladi – Associação Latino-Americana de Integração (Tratado de Montevidéu, 1980).

De acordo com Oliveira (2014, p. 9), o período de 1950 a 1970 ficou conhecido como o *velho regionalismo*, ao passo que o chamado *regionalismo aberto* foi adotado a partir do início da década de 1990, que trouxe as perspectivas do novo regionalismo do século XXI.

Perspectivas do regionalismo e os novos temas dos acordos preferenciais do comércio

Na perspectiva do novo regionalismo, também conhecido como *regionalismo aberto*, surge um novo modelo de integração baseado na necessidade de buscar outras políticas integracionistas.

De acordo com Oliveira (2014, p. 13), na América Latina são adotadas políticas de integração diferentes das que caracterizam o velho regionalismo, que trabalhava com o modelo da Cepal (Comissão

Econômica para a América Latina e o Caribe) do regime de substituição das importações, que marcou o regionalismo fechado, em que os Estados não se abriam para outras economias. Adota-se, assim, a concepção do regionalismo aberto, em que os blocos econômicos, além de se preocuparem com as políticas praticadas internamente, também buscam acordos comerciais com terceiros países e outros blocos, com o intuito de promover a abertura das economias, de forma a favorecer o livre comércio.

Um dos exemplos de regionalismo aberto é a Aliança do Pacífico, bloco econômico formado no ano de 2011, composto por Chile, Colômbia, México e Peru, e que tem por objetivos:

- *Construir, de maneira participativa e consensual, uma área de integração profunda para avançar, progressivamente, até uma área de livre circulação de bens, serviços, capitais e pessoas.*
- *Impulsionar um maior crescimento, desenvolvimento e competitividade das economias de seus integrantes, com vistas a conseguir maior bem-estar, superar a desigualdade econômica e impulsionar a inclusão social de seus habitantes.*
- *Converter-se em uma plataforma de articulação política, integração econômica e comercial, e projeção ao mundo, com ênfase na região da Ásia-Pacífico.*

(Alianza del Pacífico, 2015a, tradução nossa)

O bloco econômico da Aliança do Pacífico conta com os seguintes Estados observadores: Uruguai, Trinidad e Tobago, Panamá, Paraguai, Equador, Costa Rica, El Salvador, Guatemala, Honduras, Estados Unidos, Canadá, Nova Zelândia, Austrália, Japão, Coreia do Sul, Holanda, Espanha, França, Bélgica e Reino Unido (Alianza del Pacífico, 2015b).

Por meio de seus grupos técnicos, a Aliança do Pacífico trabalha com as seguintes políticas, entre outras: comércio e integração;

compras públicas; serviços e capitais; movimento de pessoas e migrações; propriedade intelectual; pequenas e médias empresas.

É justamente na perspectiva desse cenário, de um regionalismo aberto e contemporâneo do século XXI, que os blocos econômicos devem ser analisados e estudados, notadamente porque, de acordo com o que estudamos no Capítulo 1, o próprio conceito de soberania deve ser repensado, tendo em vista a interdependência cada vez maior entre os Estados.

Síntese

Histórico do livre comércio no período posterior à Segunda Guerra Mundial:

» Acordos de Bretton Woods (1944). Formação do novo tripé da economia mundial, criação dos seguintes organismos:
  » Fundo Monetário Internacional (FMI), criado com a finalidade de socorrer os países que estivessem em dificuldade nas balanças de pagamento;
  » Banco Internacional de Reconstrução e Desenvolvimento Mundial (Bird), instituído com a finalidade de conceder financiamentos aos projetos a serem realizados na área da infraestrutura dos países;
  » Organização Internacional do Comércio (OIC), que não entrou em vigor, pois os Estados Unidos não ratificaram a Carta de Havana, tendo em vista o início da Guerra Fria.
» GATT 1947 (Acordo Geral sobre Tarifas e Comércio) e as rodadas de negociação, que tiveram por objetivo reduzir as barreiras tarifárias.
» Rodada Uruguai (1986), que finalizou no ano de 1994 em Marraqueche, e que teve como objetivo:

» a criação da Organização Mundial do Comércio (OMC) e a respectiva estrutura normativa GATT 1994, que alterou o GATT 1947, o GATS (Acordo Geral sobre o Comércio de Serviços), o Trips (Propriedade Intelectual) e o OSC (Órgão de Solução de Controvérsias).

Conceitos importantes:

» Princípios do livre comércio: têm por objetivo regulamentar as políticas adotadas pelos Estados no que se refere ao comércio internacional.

» *Dumping*: é a venda de um produto abaixo do seu preço de custo. Quem pratica o *dumping* são as empresas e cabe ao Estado combatê-lo por meio de uma legislação *antidumping*.

» *Dumping* social: seguindo o conceito de *dumping*, ocorre quando os Estados, para terem maior competividade no mercado internacional, remuneram mal os trabalhadores e não oferecem direitos básicos (apesar de garantidos por meio dos tratados internacionais), o que faz com que os produtos sejam vendidos abaixo do preço normal.

» Subsídios: no caso, o que interessa são os auxílios concedidos pelos países desenvolvidos para determinados setores da economia, como os agrícolas. Trata-se de uma prática realizada pelos Estados Unidos da América e pela União Europeia.

» Barreiras tarifárias e não tarifárias: barreiras tarifárias dizem respeito às alíquotas dos impostos de importação e de exportação. Barreiras não tarifárias são aquelas indicadas no art. 20 do GATT 1994.

» Livre comércio e temas conexos (meio ambiente e direitos sociais): não cabe à OMC pronunciar-se diretamente sobre temas referentes à proteção ao meio ambiente ou aos direitos sociais. Em ambos os casos, existem normas específicas; no caso dos direitos sociais, a competência é da Organização Internacional do Trabalho (OIT).

» Livre comércio – conceito de regionalismo aberto e novos desafios (exemplo da Aliança do Pacífico): Até a década de 1990, os acordos de livre comércio tinham por objetivo fortalecer o comércio interno. Progressivamente, forma-se a ideia de regionalismo aberto, também conhecido como *novo regionalismo*, em que os Estados procuram inserir novos temas nas pautas de negociação, como serviços, investimentos e propriedade intelectual. Além disso, as negociações dos acordos comerciais celebrados entre os Estados (blocos econômicos) voltam-se para fora, isto é, procuram parceiros de fora do bloco, constituindo-se o chamado *regionalismo aberto*.

Consultando a legislação

Conforme vimos neste capítulo, as rodadas da Organização Mundial do Comércio (OMC) têm relevância por suas negociações e pautas colocadas nas agendas dos Estados-membros. Entre essas negociações, destaca-se a Rodada Uruguai. Sobre o tema, consulte:

ATA final que incorpora os resultados das negociações comerciais multilaterais da Rodada Uruguai. Marraqueche, 15 abr. 1994. Disponível em: <http://www.planalto.gov.br/ccivil_03/decreto/1990-1994/anexo/and1355-94.pdf>. Acesso em: 20 mar. 2015.

Para saber mais

Para obter mais informações sobre a correlação entre Bretton Woods, regulação do Poder Mundial e trajetória do G20, grupo do qual faz parte o Brasil, é interessante a leitura do seguinte artigo de Giorgio Romano Schutte, professor da área de relações internacionais: SCHUTTE, G. R. Trajetória do G20 e a regulação do poder mundial. *Crítica Histórica*, ano 5, n. 9, p. 132-155, jul. 2014. Disponível em: <http://brasilnomundo.org.br/wp-content/uploads/2015/01/TRAJET%C3%93RIA-DO-G20-E-A-REGULA%C3%87%C3%83O-DO-PODER-MUNDIAL-2.pdf>. Acesso em: 3 maio 2015.

Questões para revisão

1) (Adaptada de Esaf – 2012 – Analista de Comércio Exterior) Sobre o Banco Mundial, pode-se afirmar que:
   a. a Agência Multilateral de Garantias de Investimentos (MIGA) é o nome oficial da instituição a partir de 2008, abrangendo todas as suas iniciativas.
   b. o Brasil tem sido um dos membros mais ativos do Centro Internacional para Arbitragem de Disputas sobre Investimentos e iniciou vários casos na defesa de seus interesses nacionais.
   c. somente projetos previamente aprovados pelo Fundo Monetário Internacional podem ser submetidos à deliberação do Conselho de Empréstimos do Banco Mundial.
   d. em razão das regras constitucionais brasileiras, somente a União pode ter projetos financiados pelo Banco Mundial.

e. a origem do Banco Mundial remonta aos Acordos de Bretton Woods, ao final da Segunda Guerra Mundial.

2) (Adaptada de Esaf – 2009 – Analista Tributário da Receita Federa) Sobre o Fundo Monetário Internacional (FMI), é correto afirmar que:

a. os bens do FMI gozam de imunidade diplomática, sendo inaceitável a renúncia a esta imunidade.

b. bancos internacionais podem ser aceitos como membros, desde que assinem e obedeçam às regras prudenciais da Convenção da Basileia.

c. cada membro tem direito equitativo de voto, e o processo decisório se baseia na maioria de votos.

d. entre seus objetivos, inclui-se evitar a prática de depreciação cambial competitiva entre seus membros.

e. os Direitos Especiais de Saque (SDRs) podem ser emitidos pelo FMI nos países que requerem assistência para equilibrar sua balança de pagamentos.

3) (Adaptada de Esaf – 2012 – Analista de Comércio Exterior) Sobre a participação dos Membros na Organização Mundial do Comércio, pode-se afirmar que:

a. a acessão da China à OMC somente se efetivará a partir de 2016, quando aquele país estará obrigado a adotar mecanismo de câmbio flutuante.

b. somente Estados reconhecidos como membros da Organização das Nações Unidas podem pleitear sua participação como membros da OMC.

c. os Acordos Comerciais Plurilaterais são obrigatórios para todos os membros, inclusive para aqueles que acederam posteriormente a 1995.

d. o Mecanismo de Exame de Políticas Comerciais é obrigatório para todos os membros, inclusive para os países de menor desenvolvimento relativo.

e. qualquer Membro da OMC poderá propor a alteração das disposições dos acordos da Rodada Uruguai.

4) Qual foi a importância das Conferências de Bretton Woods para o livre comércio?

5) Considerando a OMC e a proteção do trabalho desenvolvido no comércio internacional, explique o significado da expressão *dumping social*, dissertando sobre a competência da OMC em assuntos ligados às normas internacionais do trabalho.

Questões para reflexão

1) Como os subsídios agrícolas prejudicam o Brasil? Cite um exemplo emblemático sobre o assunto.

2) Analise de forma crítica a estrutura formada em Bretton Woods, avaliando os pontos fracos existentes nas três instituições criadas.

III

Conteúdos do capítulo

» União Europeia: características e supranacionalidade.
» Mercosul (Mercado comum do Sul): características e intergovernabilidade.
» Nafta (North American Free Trade Agreement).
» Unasul (União de Nações Sul-Americanas).

Após o estudo deste capítulo, você será capaz de:

1. identificar e compreender os principais blocos econômicos existentes;
2. reconhecer os estágios da integração regional;
3. compreender as políticas adotadas dentro dos processos de integração.

Blocos econômicos

A análise dos blocos econômicos deve ser efetuada levando-se em consideração, primeiramente, o seu modelo mais desenvolvido e de maior sucesso, que é a União Europeia.

3.1 União Europeia

Não há como dissociar o processo de construção da União Europeia (UE) do seu processo histórico; portanto, a seguir veremos alguns fatos históricos relacionados a esse bloco econômico.

De acordo com Negro (2013), após a Segunda Guerra Mundial, iniciou-se no continente europeu um movimento para trabalhar em prol de uma Europa unida (Churchill*) e que, decisivamente, contribuiu para a consolidação daquele bloco econômico.

Atualmente, integram a UE 28 países: Alemanha, Áustria, Bélgica, Bulgária, Chipre, Croácia, Dinamarca, Eslováquia, Eslovênia, Espanha, Estônia, Finlândia, França, Grécia, Hungria, Irlanda, Itália, Letônia, Lituânia, Luxemburgo, Malta, Holanda, Polônia, Portugal, Reino Unido, República Checa, Romênia e Suécia, (União Europeia, 2014e).

Atualmente, a Zona do Euro é integrada pelos seguintes Estados: Áustria, Bélgica, Chipre, Estônia, Finlândia, França, Alemanha, Grécia, Irlanda, Itália, Letônia, Luxemburgo, Malta, Holanda, Portugal, Eslováquia, Eslovênia e Espanha (União Europeia, 2014c).

O direito da UE, de acordo com Gomes (2010), pode ser conceituado como um direito singular e *sui generis*, que surge a partir

---

* Winston Churchill, antigo oficial do Exército, repórter de guerra e primeiro-ministro britânico (1940-1945 e 1951-1955), "foi um dos primeiros a preconizar a criação dos Estados Unidos da Europa. Depois da Segunda Guerra Mundial, acreditava que só uma Europa unida poderia assegurar a paz" (União Europeia, 2015d).

do direito internacional, mas que dele se desenvolve e é dotado, ao mesmo tempo, de independência e autonomia em relação ao direito interno e ao direito internacional.

Gomes (2010) afirma que tais características ocorrem em virtude dos seguintes princípios do direito da UE: a) aplicabilidade direta (a norma da UE, uma vez publicada no Diário Oficial do bloco, já passa a gerar efeitos aos seus destinatários); b) primazia da norma da UE em relação à nacional (na hipótese de conflito entre a norma supranacional e a nacional, deverá prevalecer a supranacional), c) uniformidade na interpretação e na aplicação do direito da UE (as normativas da UE devem ser interpretadas e aplicadas de maneira uniforme pelos juízes nacionais). O princípio da uniformidade na interpretação e na aplicação do direito da UE é concretizado por meio do reenvio prejudicial, conforme veremos adiante.

De acordo com Gomes (2010), em relação às fontes do direito da UE, devem ser mencionadas as fontes originárias (que deram origem ao bloco econômico) e as derivadas (que estão previstas nos tratados fundacionais).

As fontes primárias são as seguintes: Tratado de Paris, Tratado de Roma, Ato Único Europeu, Tratado de Maastricht, Tratado de Amsterdã, Tratado de Nice e Tratado de Lisboa.

As fontes secudárias se dividem em obrigatórias e não obrigatórias. São fontes secundárias obrigatórias as seguintes:

» **Regulamentos**: têm por finalidade uniformizar as legislações internas dos Estados e apresentam aplicabilidade direta. Os destinatários dos regulamentos são os Estados, as instituições do bloco e os particulares.
» **Diretivas**: têm por objetivo uniformizar as legislações dos Estados. Diferentemente dos regulamentos, as diretivas devem ser internalizadas pelos Estados dentro do prazo estipulado no documento. Nas diretivas, os Estados podem legislar concorrentemente, desde que a norma nacional não contrarie a diretiva.

» **Decisões:** normalmente, se diferenciam das outras duas fontes porque trabalham com matérias específicas e porque têm destinatários específicos.

Como fontes não obrigatórias, são considerados os pareceres e as recomendações, que são adotados pelos organismos de natureza consultiva, como o comitê das regiões e o comitê econômico e social. Uma vez examinadas as características gerais do direito da UE, a seguir examinaremos o histórico desse bloco econômico e a origem da supranacionalidade.

Histórico e supranacionalidade

De acordo com autores como Gomes (2014), Negro (2013) e Accioly (2010), o processo de integração da UE teve início após a Segunda Guerra Mundial, período em que os países europeus, devastados pelo conflito mundial, buscavam sua reconstrução.

Não bastasse tal situação, caracterizada pelas sequelas e por todo o processo traumático ocasionados pelo conflito mundial, que ainda não tinham sido superados pelos países, havia o grande receio da eclosão de uma terceira guerra mundial, que teria consequências catastróficas. Tendo em vista que os países já dominavam a tecnologia nuclear, foi necessário adotar políticas com o objetivo de reaproximar os principais rivais da Segunda Guerra: a França e a Alemanha.

Assim, idealizou-se a concretização da união dos Estados europeus, capitaneados por Robert Schuman e Jean Monnet, fato que resultou na criação da Ceca – Comunidade Econômica do Carvão e do Aço (Tratado de Paris, 1951). A Ceca uniu os rivais da Segunda Guerra, a França e a Alemanha, além da Itália e dos países do Benelux – Bélgica, Holanda e Luxemburgo (Gomes, 2010, 2014).

Os objetivos da criação da Ceca eram eminentemente pacifistas, pois se voltavam à ideia de evitar uma terceira guerra mundial. Assim, dentro da estrutura da Ceca, criou-se a Alta Autoridade, entidade supranacional dotada de competência para regulamentar a produção, a comercialização e a distribuição do carvão e do aço – matéria-prima utilizada para a fabricação dos artefatos bélicos (Gomes, 2010, 2014).

No ano de 1957, foi assinado o Tratado de Roma, que teve por objetivo criar outras duas comunidades: a primeira era a Comunidade Econômica de Energia Atômica (CEEA), dotada de competências para regulamentar os temas referentes à criação de um mercado comum de energia atômica.

Ainda no mesmo Tratado de Roma, os Estados-membros criaram a Comunidade Econômica Europeia (CEE), com o objetivo de adotar políticas para a criação de um futuro mercado comum entre os países.

Ainda sobre o histórico da atual UE, é oportuno mencionarmos também os sucessivos tratados que tiveram por finalidade alterar a estrutura institucional do bloco, de forma a consolidá-lo.

Assim, apresentamos, na sequência, a descrição do histórico da UE, com base em informações retiradas do *site* oficial da entidade.

1945 – 1959
Uma Europa pacífica – Início da cooperação
A União Europeia foi criada com o objetivo de pôr termo às frequentes guerras sangrentas entre países vizinhos, que culminaram na Segunda Guerra Mundial. A partir de 1950, a Comunidade Europeia do Carvão e do Aço começa a unir econômica e politicamente os países europeus, tendo em vista assegurar uma paz duradoura. Os seis países fundadores são a Alemanha, a Bélgica, a França, a Itália, Luxemburgo e os Países Baixos. Os anos 50 são dominados pela guerra fria entre o bloco de Leste e o Ocidente. Em 1956, o movimento de protesto contra o regime comunista na Hungria é reprimido pelos tanques soviéticos. No ano seguinte, em 1957, a União Soviética

lança o primeiro satélite artificial (o Sputnik 1), liderando a "corrida espacial". Ainda em 1957, o Tratado de Roma institui a Comunidade Econômica Europeia (CEE) ou "Mercado Comum".

1960 – 1969
Os anos 60 – Um período de crescimento econômico

A década de 60 é caracterizada pela emergência de uma "cultura jovem", com grupos como The Beatles, que atraem multidões de jovens por onde quer que passem, contribuindo para lançar uma verdadeira revolução cultural e acentuando o fosso entre as gerações. Trata-se de um bom período para a economia, favorecida pelo fato de os países da União Europeia terem deixado de cobrar direitos aduaneiros sobre as trocas comerciais realizadas entre si. Além disso, decidem também implantar um controle conjunto da produção alimentar, de forma a assegurar alimentos suficientes para todos. Muito rapidamente, começaram a registrar-se excedentes de determinados produtos agrícolas. O mês de maio de 68 tornou-se famoso pelas manifestações de estudantes em Paris; muitas mudanças na sociedade e no comportamento ficaram para sempre associadas à denominada *geração de 68*.

1970 – 1979
Uma Comunidade em expansão – O primeiro alargamento

A Dinamarca, a Irlanda e o Reino Unido aderem à União Europeia em 1 de Janeiro de 1973, elevando assim o número dos Estados-Membros para nove. Na sequência do breve, mas violento, conflito israelo-árabe em Outubro de 1973, a Europa debate-se com uma crise energética e problemas econômicos. A queda do regime de Salazar em Portugal, em 1974, e a morte do General Franco em Espanha, em 1975, põem fim às últimas ditaduras de direita na Europa. No âmbito da política regional da União Europeia, começam a ser atribuídas elevadas verbas para fomentar a criação de empregos e de infraestruturas nas regiões mais pobres. O Parlamento Europeu aumenta a sua influência na UE e, em 1979, os cidadãos passam, pela primeira vez, a poder eleger diretamente os seus deputados.

1980 – 1989
A fisionomia da Europa em mutação – A queda do Muro de Berlim

O sindicato polonês Solidarnośĉ e o seu dirigente Lech Walesa tornam-se muito conhecidos não só na Europa como no mundo inteiro na sequência do movimento grevista dos trabalhadores do estaleiro de Gdansk durante o Verão de 1980. Em 1981, a Grécia torna-se o décimo Estado-Membro da UE, seguindo-se-lhe a Espanha e Portugal cinco anos mais tarde. Em 1986, é assinado o Acto Único Europeu, um Tratado que prevê um vasto programa para seis anos destinado a eliminar os entraves que se opõem ao livre fluxo de comércio na UE, criando assim o "Mercado Único". Com a queda do Muro de Berlim em 9 de novembro de 1989, dá-se uma grande convulsão política: a fronteira entre a Alemanha de Leste e a Alemanha Ocidental é aberta pela primeira vez em 28 anos e as duas Alemanhas em breve se reunificarão, formando um único país.

1990 – 1999
Uma Europa sem fronteiras

Com o desmoronamento do comunismo na Europa Central e Oriental, assiste-se a um estreitamento das relações entre os europeus. Em 1993, é concluído o Mercado Único com as "quatro liberdades": livre circulação de mercadorias, de serviços, de pessoas e de capitais. A década de 90 é também marcada por mais dois Tratados, o Tratado da União Europeia ou Tratado de Maastricht, de 1993, e o Tratado de Amesterdã, de 1999.

A opinião pública mostra-se preocupada com a protecção do ambiente e com a forma como os europeus poderão colaborar entre si em matéria de defesa e segurança. Em 1995, a União Europeia passa a incluir três novos Estados-Membros, a Áustria, a Finlândia e a Suécia. Uma pequena localidade luxemburguesa dá o seu nome aos acordos de "Schengen", que gradualmente permitirão às pessoas viajar sem que os seus passaportes sejam objeto de controle nas fronteiras. Milhões de jovens estudam noutros países com o apoio da UE. A comunicação é facilitada à medida que cada vez mais pessoas começam a utilizar o celular e a internet.

2000 – 2009
Mais expansão

O euro torna-se a nova moeda de muitos europeus. O dia 11 de setembro 2001 marca o início da "guerra contra o terrorismo", depois do desvio de aviões que se despenharam contra edifícios de Nova Iorque e Washington. Os países da UE começam a colaborar de uma forma muito mais estreita para combater a criminalidade. As divisões políticas entre a Europa de Leste e a Europa Ocidental são finalmente ultrapassadas e dez novos países aderem à UE em 2004, seguindo-se dois outros em 2007. Em setembro de 2008 uma crise financeira assola a economia mundial, resultando numa cooperação econômica mais estreita entre os países da UE. O Tratado de Lisboa é ratificado por todos os países da UE antes de entrar em vigor em 1 de dezembro de 2009, proporcionando à UE instituições modernas e métodos de trabalho mais eficientes.

Fonte: Adaptado de União Europeia, 2015a, grifo do original.

Do recorte histórico mencionado destacamos os primeiros tratados que contribuíram para a evolução da UE (Gomes, 2014):

- » **Tratado de Paris (1951)**: criou a Ceca.
- » **Tratado de Roma (1957)**: criou a CEE e a CEEA.
- » **Ato Único Europeu (1986)**: lançou as bases para a concretização do Mercado Comum.
- » **Tratado de Maastricht (1992)**: teve por objetivo consolidar o Mercado Comum, de forma a alterar a denominação da Ceca, com o propósito de agregar ao bloco políticas voltadas à proteção do meio ambiente, à sustentabilidade, aos direitos do consumidor e à própria inclusão nacional dos Estados-membros do bloco nas políticas comunitárias.

Em relação à inclusão política, o Tratado de Maastricht criou a cidadania comunitária (ou cidadania europeia), que permite ao cidadão do bloco exercer algumas prerrogativas, entre elas: o direito de circular livremente pelo bloco e usufruir das quatro liberdades; o direito de candidatar-se aos pleitos municipais nos países que tenham seu domicílio eleitoral (mesmo que sejam diferentes de seu Estado de origem); o direito de participar das eleições no Parlamento Europeu; e a possibilidade de requerer proteção diplomática a qualquer um dos Estados-membros do bloco quando o cidadão comunitário se encontrar fora do bloco e naquele local inexistir uma embaixada ou consulado de seu Estado de origem.

Consideramos importante destacar que o Tratado de Maastricht também criou a UE, que foi concebida com o intuito de auxiliar no processo de avanço da integração daquele bloco econômico. Segundo Gomes (2014), a UE foi criada por meio de três pilares de funcionamento, a seguir indicados:

- » **Mercado Comum**: com competências para adotar políticas voltadas ao mercado comum e à livre circulação de bens, pessoas, serviços e capitais (pilar de natureza jurídica supranacional).

» **Assuntos de cooperação e justiça:** com o intuito de estabelecer as políticas para a criação de um espaço comum e de segurança dentro do bloco, com a finalidade de combater a imigração ilegal, o tráfico de drogas, o terrorismo etc. (pilar de natureza jurídica intergovernamental).

» **Defesa externa comum:** com o objetivo de adotar ações coordenadas entre os Estados para a realização de estratégias de defesa do território do bloco econômico (pilar de natureza jurídica intergovernamental).

Na sequência cronológica, tivemos os seguintes tratados:

» **Tratado de Amsterdã, 1997:** preparou o bloco econômico para a adoção futura do euro (que seria a moeda comum que circularia fisicamente a partir do ano de 2002, de forma a substituir as moedas locais dos Estados); criou também o Banco Central Europeu, sediado em Frankfurt, na Alemanha, dotado de competências pela gestão macroeconômica do euro.

» **Tratado de Nice, 2001:** promoveu uma reforma na estrutura institucional da União Europeia, de forma a possibilitar o ingresso dos demais países no bloco econômico.

» **Tratado de Lisboa, 2009:** o bloco econômico, após o Tratado de Nice e os acontecimentos que levaram ao seu grande alargamento com o ingresso de dez novos países, necessitava de uma alteração em seu ordenamento jurídico. Assim, no ano de 2004, os Estados negociaram e assinaram a chamada *Constituição Europeia*, tratado que alteraria o instrumento de Nice. Todavia, os referendos realizados na França e na Holanda, no ano de 2005, levaram ao fracasso do processo.

Consequentemente, no ano de 2009, foi assinado o Tratado de Lisboa, que marcou o avanço institucional do bloco. Tem como principais características tornar o processo de integração mais democrático, com o reforço das competências do Parlamento Europeu, além de ter criado os cargos de presidente do Conselho Europeu, alto representante dos negócios estrangeiros etc. (União Europeia, 2015g).

Outrossim, com o Tratado de Lisboa houve a inclusão dos três pilares da UE, de forma a promover maior integração dentro do bloco. Concretamente, é interessante destacarmos que a Comunidade Europeia passou a integrar a União Europeia (Gomes, 2014).

Também a Carta Europeia de Direitos Fundamentais, que estabelece um rol de direitos aos cidadãos comunitários, foi incorporada ao ordenamento jurídico comunitário. Nesse sentido, é oportuno ressaltarmos que, nas hipóteses de violação a um dos direitos elencados na Carta Europeia de Direitos Fundamentais e considerando que tal questão envolva as políticas do Mercado Comum, o Tribunal de Justiça da União Europeia poderá atuar.

Estrutura institucional e ordenamento jurídico

Podemos afirmar que na estrutura institucional da União Europeia os respectivos órgãos tomam decisões levando em conta os interesses do próprio bloco, em detrimento – muitas vezes – dos interesses dos Estados. Trata-se da característica da **supranacionalidade**.

De acordo com Negro (2013), o Tratado sobre o Funcionamento da União Europeia, em seu art. 13, enumera as instituições do bloco econômico, as quais indicamos a seguir.

a. **Conselho Europeu**: representa os Estados, no âmbito de chefes de Estado e de governo, e tem por objetivo principal definir as diretrizes básicas a serem adotadas dentro da UE. Trata-se de um órgão de caráter intergovernamental que não se confunde com o Conselho. Tem sede em Bruxelas ou no país que exerce a presidência do Conselho.

b. **Conselho**: representa os interesses dos Estados por meio de seus ministros. Cada Estado conta com um representante. Trata-se de órgão com capacidade decisória dentro da UE e que efetivamente decide sobre as políticas a serem adotadas; ele inclusive aprova as propostas legislativas apresentadas pela Comissão Europeia. Está sediado em Bruxelas.

Sobre a distribuição de votos do Conselho e do sistema de votação, vale a pena mencionarmos o disposto no *site* da UE. Regra geral, as decisões do Conselho da UE são tomadas por maioria qualificada. Quanto maior for a população de um país, maior será o número de votos de que dispõe. Todavia, o número de votos a que cada país tem direito é ponderado de forma a favorecer os países com menor população. A divisão de votos está dividida do seguinte modo, segundo informações extraídas do *site* da União Europeia (2015b):

> *Alemanha, França, Itália e Reino Unido: 29 votos*
> *Espanha e Polônia: 27*
> *Romênia: 14*
> *Países Baixos: 13*
> *Bélgica, Grécia, Hungria, Portugal e República Tcheca: 12*
> *Áustria, Bulgária e Suécia: 10*
> *Croácia, Dinamarca, Eslováquia, Finlândia, Irlanda e Lituânia: 7*
> *Chipre, Eslovênia, Estônia, Letônia e Luxemburgo: 4*
> *Malta: 3*
> *TOTAL: 352*
> *O processo de votação mais comum no Conselho é a "votação por maioria qualificada". Para existir maioria qualificada, é necessário: que uma maioria (de dois terços, em determinados casos) dos 28 países da UE votem a favor; que haja, pelo menos, 260 votos expressos, de entre os 352 votos possíveis.*

Além disso, um país pode exigir que se verifique se a maioria representa, pelo menos, 62% da população total da UE. Se tal não acontecer, a proposta não pode ser adoptada.

Quando estão em causa temas sensíveis, como é o caso da segurança e assuntos externos ou da fiscalidade, as decisões do Conselho têm de ser tomadas por unanimidade, o que significa que a decisão pode ser vetada por um único país.

A partir de 2014, será introduzido um sistema denominado "sistema de votação por dupla maioria".

De acordo com este sistema, para uma proposta ser aprovada, terá de ser apoiada por dois tipos de maioria: uma maioria de países (pelo menos 15) e uma maioria da população total da UE (os países a favor devem representar, pelo menos, 65% da população da UE).

De acordo com o *site* do Conselho Europeu (2015b, grifo do original):

Em função da questão tratada, o Conselho da UE toma as suas decisões por:
- **maioria simples** *(15 Estados-Membros votam a favor)*
- **maioria qualificada** *(55% dos Estados-Membros votam a favor)*
- **unanimidade** *(todos os votos são a favor)*

O Conselho só pode votar se estiver presente a **maioria dos seus membros***. Um membro do Conselho pode atuar em nome de apenas um outro membro.*

O Conselho pode votar sobre um ato legislativo **oito semanas após o projeto de ato ter sido enviado aos parlamentos nacionais** *para aí ser examinado. Cumpre aos parlamentos nacionais determinar se o* *projeto de ato legislativo respeita o princípio da subsidiariedade. A votação só pode ter lugar mais cedo em casos especiais urgentes.*

*A votação é **iniciada pelo Presidente do Conselho**. O processo de votação pode também ser iniciado por um membro do Conselho ou pela Comissão, desde que a maioria dos membros do Conselho tenha aprovado essa iniciativa.*

*Os **resultados das votações do Conselho são automaticamente tornados públicos** quando o Conselho atua na sua qualidade de legislador.*

*Se um membro pretender apresentar uma **declaração de voto**, essa declaração também será tornada pública se for adotado um ato jurídico. Nos restantes casos, quando não são automaticamente publicadas, as declarações de voto podem ser tornadas públicas a pedido do autor.*

Nos casos em que o Conselho não atua na qualidade de legislador, é também possível tornar públicos os resultados das votações e as declarações de voto, mediante decisão do Conselho adotada por unanimidade. Os membros do Conselho e da Comissão podem fazer declarações e solicitar que sejam incluídas na ata do Conselho. Tais declarações não produzem efeitos jurídicos e são consideradas um instrumento político destinado a facilitar o processo de decisão.

c. **Comissão Europeia**: representa os interesses do bloco econômico e exerce fiscalização sobre a aplicação do direito da UE, juntamente com o Tribunal de Justiça; tem o poder de iniciar o processo da legislação comunitária. Trata-se de órgão de natureza executiva, uma vez que lhe cabe implementar as políticas decididas pelo Conselho. A sede da Comissão Europeia está localizada em Bruxelas. É integrada pelos chamados *comissários*, que atuam na defesa dos interesses da UE.

Sobre o processo legislativo, o *site* do Conselho Europeu (2015a, grifo do original) apresenta as seguintes informações:

O processo de codecisão foi introduzido pela primeira vez em 1992 e a sua utilização foi alargada em 1999. Com a adoção do Tratado de Lisboa, a codecisão passou a designar-se processo legislativo ordinário e tornou-se no principal processo de decisão utilizado para adotar legislação da UE. Aplica-se a cerca de 85 domínios de ação.

Em síntese
Legisladores: *Conselho da UE e Parlamento Europeu*
Direito de iniciativa legislativa: *Comissão Europeia*
Principais elementos do processo:
1. A Comissão Europeia apresenta uma proposta ao Conselho e ao Parlamento Europeu
2. O Conselho e o Parlamento adotam uma proposta legislativa em primeira ou em segunda leitura
3. Se as duas instituições não chegarem a acordo após a segunda leitura, é convocado o Comitê de Conciliação
4. Se o texto acordado pelo Comitê de Conciliação puder ser aceite por ambas as instituições em terceira leitura, o ato legislativo é adotado
Se uma proposta legislativa for rejeitada em qualquer fase do processo, ou se o Parlamento e o Conselho não conseguirem chegar a um compromisso, a proposta não é adotada e o processo termina.
Base jurídica: *artigos 289. e 294. do Tratado sobre o Funcionamento da União Europeia*

d. **Parlamento Europeu**: formado pelos chamados *eurodeputados*, representa os interesses dos cidadãos da UE e participa, juntamente com a Comissão e o Conselho, do processo legislativo comunitário. Aprova o orçamento do bloco, juntamente com o Conselho. Desde o ano de 1979, os *eurodeputados* são eleitos diretamente pelos nacionais dos Estados-membros do bloco. Normalmente, os eurodeputados se distribuem no parlamento europeu por meio de seus partidos, que representam as mais variadas tendências políticas. Tem sedes em Estrasburgo, Bruxelas e Luxemburgo.

O número de cadeiras a que cada Estado tem direito, ainda que os eurodeputados não se organizem por nacionalidade, mas sim pelos partidos políticos da UE, está a seguir representado:

> [...] o Parlamento Europeu tem agora 751 deputados, distribuídos pelos Estados-Membros da seguinte forma: Alemanha – 96; França – 74; Itália e Reino Unido – 73 cada; Espanha – 54; Polónia – 51; Roménia – 32; Países Baixos – 26; Bélgica, Grécia, Hungria, Portugal e República Checa – 21 cada; Suécia – 20; Áustria – 18; Bulgária – 17; Finlândia, Dinamarca e Eslováquia – 13 cada; Irlanda, Lituânia e Croácia – 11 cada; Letónia e a Eslovénia – 8 cada; Chipre, Estónia, Luxemburgo e Malta – 6 cada. (União Europeia, 2015f)

e. **Tribunal de Justiça da União Europeia**: tem por objetivo exercer o controle judicial do direito da UE; tem sede em Luxemburgo.

f. **Tribunal de Contas**: exerce o controle orçamentário e de contas do bloco; tem sede em Luxemburgo.

g. **Banco Central Europeu**: tem competências para adotar as políticas macroeconômicas em relação ao euro; está sediado em Frankfurt.

h. **Banco Europeu de Investimentos**: foi criado com a função de desenvolver projetos para buscar o desenvolvimento equilibrado das economias dos Estados-membros na UE; sediado em Luxemburgo.

i. **Comitê das Regiões e Comitê Econômico e Social**: desempenham competências consultivas; o Comitê das Regiões, no que diz respeito aos interesses das regiões e das cidades do bloco e a interesses econômicos e sociais; o Comitê Econômico e Social, no que diz respeito aos interesses da sociedade civil. Ambos estão sediados em Bruxelas.

j. **Provedor de Justiça Europeu**: sediado em Estrasburgo, tem por competência apurar as queixas apresentadas pelos cidadãos comunitários contra a má administração dos órgãos da UE.

Sistema de solução de controvérsias

Inquestionavelmente, o Tribunal de Justiça da União Europeia (TJUE) tem papel preponderante no bloco, exercendo o controle jurisdicional sobre a correta interpretação e aplicação das normas da UE. De acordo com Accioly (2010, p. 115), "Os juízes do TJUE são competentes para decidir as lides que envolvam os Estados-membros, as instituições comunitárias, as empresas e os particulares". O TJUE é integrado por 28 juízes, sendo um de cada nacionalidade dos Estados-membros, e 8 advogados gerais, dotados de competências para apresentar suas considerações em relação aos casos a eles submetidos para análise.

Sobre o procedimento e as ações existentes no TJUE, conforme os textos do *site* da União Europeia (2015e, grifo do original):

1. Pedidos de decisão a título prejudicial
Os tribunais nacionais são responsáveis pela correta aplicação da legislação da UE no respectivo país. Há, no entanto, um risco de que os tribunais dos diversos países possam interpretar o direito da UE de forma diferente.

Para que tal não aconteça, foi instaurado um mecanismo denominado "reenvio prejudicial". Assim, caso tenham uma dúvida quanto à interpretação ou à validade de uma disposição do direito da UE, os tribunais nacionais podem e, por vezes devem, pedir o parecer do Tribunal de Justiça. Este pronuncia-se sobre a questão que lhe é apresentada emitindo uma "decisão a título prejudicial".

2. Ações por incumprimento

A Comissão pode intentar este tipo de acção se considerar que um Estado-membro não cumpriu qualquer das obrigações que lhe incumbem por força do direito da UE. Qualquer Estado-membro pode também intentar uma acção por incumprimento contra outro.

Em ambos os casos, o Tribunal investiga as alegações apresentadas e dá o seu parecer. Se o país for considerado em falta, deve tomar medidas corretivas de imediato. Se o Tribunal constatar que o país não deu cumprimento à sua decisão, pode impor-lhe uma multa.

3. Recursos de anulação

Se um país da UE, o Conselho, a Comissão ou, em certas circunstâncias, o Parlamento considerar que uma disposição legislativa da UE é ilegal pode solicitar a sua anulação ao Tribunal.

Os particulares podem também interpor "recursos de anulação" se considerarem que determinada disposição legislativa os afeta direta e negativamente como indivíduos e pretenderem, por esse motivo, que o Tribunal a anule.

Se o Tribunal verificar que a disposição em questão não foi corretamente adotada ou não está devidamente fundamentada nos Tratados, pode declará-la nula e sem efeito.

4. Ações por omissão

O Tratado estabelece que o Parlamento Europeu, o Conselho e a Comissão devem tomar determinadas decisões em determinadas circunstâncias. Se não o fizerem, os Estados-Membros, as restantes instituições da UE e, em certos casos, os particulares ou as empresas podem recorrer ao Tribunal para que este declare verificada essa omissão.

5. Ações directas

Qualquer particular ou empresa que tenha sofrido danos causados por uma ação ou pela ausência de ação da UE ou do pessoal das suas instituições pode recorrer ao Tribunal Geral a fim de obter reparação.

Tramitação dos processos

Para cada processo apresentado ao Tribunal são nomeados um juiz e um advogado-geral.

Os processos são tratados em duas fases: uma fase escrita e uma fase oral.

1. Fase escrita

As partes envolvidas começam por entregar uma declaração escrita ao juiz responsável pelo processo. Em seguida, o juiz prepara um resumo destas declarações e o contexto jurídico do processo.

2. Fase oral

A segunda fase é a audiência pública. Em função da complexidade do caso, esta pode decorrer perante um painel de 3, 5 ou 13 juízes ou perante todo o Tribunal. Durante a audiência, os advogados de ambas as partes apresentam as suas alegações aos juízes e ao advogado-geral, que podem fazer as perguntas que entenderem pertinentes.

O advogado-geral emite então o seu parecer. Em seguida, os juízes debatem o processo entre si e pronunciam um acórdão.

Os advogados-gerais só têm de apresentar conclusões quando o Tribunal considere que o processo em causa suscita uma nova questão de direito. O Tribunal não é obrigado a seguir o parecer do advogado-geral. Os acórdãos do Tribunal são decisões maioritárias e são lidos durante as audiências públicas.

Uma vez examinadas as características gerais da UE, bloco econômico de natureza jurídica supranacional, vamos tratar a seguir das características do Mercosul, bloco econômico de natureza jurídica intergovernamental.

3.2 Mercosul (Mercado Comum do Sul)

Como visto anteriormente, a UE é o bloco econômico paradigma de sucesso de integração, por se encontrar no estágio de mercado comum e união monetária e por adotar o direito supranacional, o que garante maior efetividade no cumprimento de suas políticas e objetivos.

Agora, vamos examinar o modelo de integração do Mercosul, bloco econômico que, atualmente, é formado por Argentina, Brasil, Paraguai, Uruguai e Venezuela e que em nada se assemelha à UE, tendo em vista as diferenças econômicas, sociais, culturais e desenvolvimentistas dos sócios.

Histórico e intergovernabilidade

De acordo com Accioly (2010), considerando-se um recorte histórico desenhado a partir da década de 1960, o processo de integração da América Latina foi representado inicialmente pela Alalc (Associação Latino-Americana de Livre Comércio), constituída pelo Tratado de Montevidéu de 1960 com o objetivo criar um mercado comum latino-americano. Todavia, o projeto não foi adiante, tendo em vista os regimes ditatoriais dos países e a forte crise econômica. Assim, no ano de 1980, os Estados tiveram por objetivo relançar o processo integracionista por meio da criação da Aladi (Associação Latino-Americana de Integração), criada pelo Tratado de Montevidéu de 1980 com o mesmo objetivo de criar um mercado comum na América Latina.

De acordo com Negro (2013), a Aladi* teve como diferencial de sua antecessora, a Alalc, a adoção de políticas mais flexíveis e realistas, de forma a permitir o pluralismo e a flexibilidade nas negociações, características que se traduzem na possibilidade da elaboração de acordos de alcance parcial ou acordos sub-regionais. O objetivo da Aladi é a progressiva multilateralização das políticas comerciais, a fim de que todos os Estados possam ser englobados. Assim, é justamente a partir do conceito de acordos de alcance parcial que o Mercosul foi projetado.

O Mercosul foi idealizado a partir de uma aproximação entre o Brasil e a Argentina, países que tinham por objetivo criar um mercado comum com o intuito de buscar uma melhor inserção no mundo globalizado. Ao processo uniram-se o Paraguai e o Uruguai e, em 26 de março de 1991, criou-se o bloco.

Como os Estados Partes constataram que não atingiriam o estágio de mercado comum, como estabelecido no Tratado de Assunção, antes mesmo de consolidarem a zona de livre comércio, assinaram, em 17 de dezembro de 1994, o Protocolo de Ouro Preto, que marca a etapa de transição entre a zona de livre comércio e a união aduaneira, caracterizando, desse modo, o Mercosul como uma união

---

* Integram a Aladi os seguintes países: Argentina, Bolívia, Brasil, Colômbia, Cuba, Chile, Equador, México, Panamá, Paraguai, Peru, Uruguai e Venezuela.

aduaneira imperfeita, ou seja, ora se caracteriza como zona de livre comércio, ora se caracteriza como união aduaneira.

Nesse ponto, Gomes (2014, p. 29) explicita que a situação peculiar típica do Mercosul decorre da imperfeição da Tarifa Externa Comum (TEC), tendo em vista a existência de uma lista de exceção (produtos para os quais a TEC não vigora) e o regime de adequação (produtos para os quais a TEC vigora). No ano de 2012, a Venezuela ingressou no bloco como Estado Parte (Gomes, 2010).

Sobre o estágio atual do Mercosul, segundo Wolffenbüttel (2007), a expressão *união aduaneira* refere-se a uma associação de países que se caracteriza pela adoção de uma tarifa externa comum e pela livre circulação das mercadorias oriundas dos países associados. Por sua vez, essa tarifa impõe que os países dessa associação apliquem a mesma taxação em relação à importação de bens de países que não estariam no grupo, o que visa eliminar a concorrência interna, isto é, entre os associados e seus fornecedores. Assim, desde 1995, o Mercosul adotou a TEC. Como consequência, como explicita Wolffenbüttel (2007),

> *o Brasil não pode decidir sozinho reduzir a taxação sobre determinado produto que ele compra da China em troca de algum benefício no mercado chinês. Para mudar a taxa, é preciso fazer um acordo com todos os quatro países-membros, que também reduzirão suas tarifas, ou seja, é preciso negociar em bloco. A segunda característica da união aduaneira é a formação de uma zona de livre circulação de mercadorias entre os diversos membros. No caso do Mercosul, essa segunda medida ainda não foi adotada. Os produtos argentinos, paraguaios e uruguaios têm salvaguardas para entrar no Brasil, e vice-versa. Por isso, o Mercosul é considerado uma união aduaneira imperfeita. Dois exemplos de uniões aduaneiras completas são a União Europeia*

e a Southern África Customs Union (Sacu, União Alfandegária do Sul da África), bloco liderado pela África do Sul.

Assim, ainda existem avanços a serem concretizados no Mercosul, o que dependerá da questão econômica e da própria estrutura do bloco, que deve ser planejada, seguindo os ditames legais, não somente em termos de cooperação, mas também em termos de vontade política dos países que dele fazem parte.

Na sequência, vamos verificar a estrutura desse bloco de integração regional e todo o seu aparato jurídico.

Estrutura institucional e fontes jurídicas

O Protocolo de Ouro Preto não definiu a estrutura institucional definitiva do bloco do Mercosul, visto que, de acordo com os objetivos iniciais traçados no Protocolo de Assunção, o bloco somente teria uma estrutura institucional definitiva quando atingisse o estágio de mercado comum.

Segundo Gomes (2011), o Tratado de Assunção estabeleceu o início do Mercosul:

> O Mercosul teve seu marco inicial em data de 26 de março do ano de 1991, com a assinatura do Tratado de Assunção (que criou o bloco econômico, formado pela Argentina, Brasil, Paraguai e Uruguai, em estágio inicial, em regime de zona de livre comércio e que buscava consolidá-los em um mercado comum em um prazo de cinco anos). A Venezuela será o próximo país a ingressar no Mercosul e, muito embora já tenha assinado o tratado de adesão, o mesmo falta ser ratificado, tanto pelo Brasil como pelo Paraguai. Como o Tratado de Assunção somente estabeleceu os objetivos para consti-

tuir-se em um mercado comum, sem esclarecer os meios através dos quais o bloco poderia alcançar referido estágio da integração, e como não levou em consideração as diferenças econômicas, sociais, culturais, políticas, demográficas e geográficas entre os Estados, a realidade superou as expectativas e os objetivos, inicialmente estabelecidos, não foram atingidos.

Nesse sentido, vale a pena destacarmos que, de acordo com o disposto no Tratado de Assunção, antes do estabelecimento do Mercado Comum, os Estados Partes deveriam definir a estrutura definitiva do bloco.

Sua estrutura institucional, de acordo com o Protocolo de Ouro Preto, está dividida em órgãos com capacidade decisória e órgãos de caráter consultivo, além de uma secretaria técnica. A Comissão Parlamentar Conjunta do Mercosul deu lugar a um Parlamento, com sede em Montevidéu.

Assim, para que você compreenda melhor o tema, a seguir apresentamos detalhadamente a estrutura institucional do bloco Mercosul, com base no disposto no Protocolo de Ouro Preto (Protocolo..., 1994).

O Conselho do Mercado Comum, o Grupo Mercado Comum e a Comissão de Comércio do Mercosul são órgãos de natureza decisória que estão assim definidos porque têm por objetivo deliberar sobre as políticas e os objetivos a serem adotados no Mercosul:

Seção I
Do Conselho do Mercado Comum

Artigo 3
O Conselho do Mercado Comum é o órgão superior do Mercosul ao qual incumbe a condução política do processo de integração e a tomada de decisões para asse-

gurar o cumprimento dos objetivos estabelecidos pelo Tratado de Assunção e para lograr a constituição final do mercado comum.

Artigo 4
O Conselho do Mercado Comum será integrado pelos Ministros das Relações Exteriores e pelos Ministros da Economia, ou seus equivalentes, dos Estados Partes.

Artigo 5
A Presidência do Conselho do Mercado Comum será exercida por rotação dos Estados Partes, em ordem alfabética, pelo período de seis meses. (Protocolo..., 1994)

Como órgão de direção do Mercosul e de acordo com o estabelecido no Protocolo de Ouro Preto, incumbem ao Conselho do Mercado Comum as decisões sobre as políticas a serem implementadas no bloco. Trata-se, portanto, de órgão com capacidade decisória.

Seção II
Do Grupo Mercado Comum

Artigo 10
O Grupo Mercado Comum é o órgão executivo do Mercosul.

Artigo 11
O Grupo Mercado Comum será integrado por quatro membros titulares e quatro membros alternos por país, designados pelos respectivos Governos, dentre os quais devem constar necessariamente representantes dos Ministérios das Relações Exteriores, dos Ministérios da Economia (ou equivalentes) e dos Bancos Centrais. O Grupo Mercado comum será coordenado pelos Ministérios das Relações Exteriores. (Protocolo..., 1994)

A Comissão de Comércio do Mercosul é um órgão de natureza executiva que tem por finalidade, objetivamente, executar as políticas que são decididas pelo Conselho do Mercado Comum. Exerce, ademais, competência fiscalizatória no que diz respeito ao cumprimento das normativas do Mercosul por parte dos Estados.

Seção III
Da Comissão de Comércio do Mercosul

Artigo 16
À Comissão de Comércio do Mercosul, órgão encarregado de assistir o Grupo Mercado Comum, compete velar pela aplicação dos instrumentos de política comercial comum acordados pelos Estados Partes para o funcionamento da união aduaneira, bem como acompanhar e revisar os temas e matérias relacionados com as políticas comerciais comuns, com o comércio intra-Mercosul e com terceiros países.

Artigo 17
A Comissão de Comércio do Mercosul será integrada por quatro membros titulares e quatro membros alternos por Estado Parte e será coordenada pelos Ministérios das Relações Exteriores.

Artigo 18
A Comissão de Comércio do Mercosul reunir-se-á pelo menos uma vez por mês ou sempre que solicitado pelo Grupo Mercado Comum ou por qualquer dos Estados Partes. (Protocolo..., 1994)

Os órgãos de competência executiva são vinculados ao Grupo do Mercado Comum, que tem por objetivo executar as políticas aduaneiras do bloco. Como o Mercosul é um bloco tipicamente de natureza jurídica intergovernamental, as decisões são tomadas mediante consenso e com a presença de todos os Estados (Gomes, 2014).

As deliberações dos órgãos de competência executiva não são vinculantes e visam assessorar os órgãos de caráter técnico do bloco.

Seção V
Do Foro Consultivo Econômico-Social

Artigo 28
O Foro Consultivo Econômico-Social é o órgão de representação dos setores econômicos e sociais e será integrado por igual número de representantes da cada Estado Parte.

Artigo 29
O Foro Consultivo Econômico-Social terá função consultiva e manifestar-se-á mediante Recomendações no Grupo Mercado Comum.

Artigo 30
O Foro Consultivo Econômico-Social submeterá seu Regimento Interno ao Grupo Mercado Comum, para homologação. (Protocolo..., 1994)

A Comissão Parlamentar Conjunta do Mercosul foi substituída pelo Parlamento do Mercosul por meio do Protocolo Constitutivo de 9 de dezembro de 2005. É composta pelos parlamentares indicados pelos Estados Partes. No ano de 2014, estavam previstas eleições simultâneas para a escolha dos parlamentares. Com sede em Montevidéu, no Uruguai, esse orgão tem competência meramente consultiva e, diferentemente do Parlamento Europeu, não é dotado de qualquer competência legislativa.

A Secretaria do Mercosul, órgão de natureza técnica e administrativa, sediada em Montevidéu, no Uruguai, local em que fica a sede do bloco, serve de depositário das normativas do Mercosul, auxilia os Estados na instauração dos tribunais *ad hoc** e edita o boletim oficial do Mercosul, entre outras competências.

Um diretor com a nacionalidade de um dos Estados integra a Secretaria do Mercosul. Ele é eleito pelo Grupo do Mercado Comum, sendo proibida a recondução.

De acordo com Gomes (2010), quanto às fontes jurídicas do Mercosul, podemos citar as fontes originárias e as derivadas. As fontes originárias são aquelas que originaram a criação do bloco econômico ou que regulamentam o seu funcionamento, como o Tratado de Assunção (1991), o Protocolo de Ouro Preto (1994) e o Protocolo de Olivos (2002) – que regulamenta o sistema de solução de controvérsias. As fontes secundárias são aquelas derivadas das fontes primárias e estão previstas no Protocolo de Ouro Preto. Compreendem decisões, diretrizes e resoluções, as quais, muito embora tenham caráter obrigatório, devem ser incorporadas pelos Estados conforme os ordenamentos jurídicos.

Sistema de solução de controvérsias

De acordo com os ensinamentos de Accioly (2010) e Gomes (2010, 2014), o sistema de solução de controvérsias do Mercosul estava regulamentado anteriormente pelo Protocolo de Brasília, de 1991 (Conselho de Mercado Comum, 1991), que deveria ser aplicado durante o período de transição do bloco. Com o advento do Protocolo de Ouro Preto e a consequente alteração da estrutura institucional do Mercosul, os Estados Partes optaram por manter o sistema de solução de controvérsias do Protocolo de Brasília.

Assim, o sistema escolhido pelo Protocolo de Brasília foi o da arbitragem *ad hoc*. Antes da atuação arbitral, há duas tentativas de

---

* Tribunal constituído especialmente para julgar determinada controvérsia; não se trata de um tribunal permanente.

composição do conflito: a primeira delas mediante negociação direta entre os Estados em conflito; a segunda se dá com uma conciliação conduzida pela atuação do Grupo Mercado Comum (GMC). Conforme aquele protocolo, caso as duas fases restassem infrutíferas, constituía-se um tribunal *ad hoc*, cujo laudo era inapelável e obrigatório. O Protocolo de Brasília "também previa a reclamação de particulares, que poderiam acionar esse mecanismo, desde que amparados pelos respectivos Estados" (Accioly, 2010, p. 127).

Com o intuito de alterar o sistema de solução de controvérsias nos Estados Partes do Mercosul, foi assinado o Protocolo de Olivos em 2002 (Brasil, 2004), que alterou a sistemática anteriormente estabelecida pelo Protocolo de Brasília, muito embora ainda não se constitua em mecanismo definitivo de solução de controvérsias (Gomes, 2014).

Uma novidade do Protocolo de Olivos foi o estabelecimento do Tribunal Permanente de Revisão (TPR), com sede em Assunção, no Paraguai. Esse tribunal pode atuar como um tribunal de revisão, em matéria de direito, dos laudos arbitrais proferidos pelos tribunais *ad hoc*.

É composto por cinco árbitros, com mandatos de dois anos. Cabe a cada Estado indicar seu árbitro titular e suplente. O quinto árbitro, que exercerá as funções de presidente, será escolhido mediante comum acordo entre os Estados. Normalmente, o TPR funciona com três árbitros. Caso a controvérsia envolva mais de dois Estados, o tribunal atuará na sua composição plena.

Outra grande novidade do Protocolo de Olivos é a possibilidade de solicitação de opiniões consultivas ao TPR. De acordo com a decisão do Conselho de Mercado Comum (2007), as Cortes Superiores dos Estados Partes e outros organismos do bloco podem requerer o pronunciamento do TPR sobre a interpretação de uma normativa Mercosul em uma controvérsia que esteja sendo analisada em uma das jurisdições dos Estados. A opinião consultiva, proferida pelos árbitros do TPR, não é vinculante (Gomes, 2010).

Conforme o sistema de solução de controvérsias estabelecido pelo Protocolo de Olivos, os Estados podem escolher o tribunal a que preferem encaminhar suas controvérsias, podendo ainda escolher outros sistemas existentes em outros blocos ou eleger o Órgão de Solução de Controvérsias (OSC) da Organização Mundial do Comércio (OMC). Se assim desejarem, as partes ainda poderão submeter a controvérsia diretamente ao TPR, o qual, nesse caso, julgará a questão sem possibilidade de recurso (Gomes, 2014).

Segundo o procedimento estabelecido pelo Protocolo de Olivos, ao surgir uma controvérsia, a primeira etapa é a conciliação mediante a intervenção do GMC, realizada após restar infrutífera a negociação direta entre os países conflitantes. A fase subsequente, e desde que nas duas anteriores os resultados sejam negativos, é a instauração do Tribunal *Ad Hoc*, composto por três árbitros.

Cada parte deve indicar o árbitro de sua nacionalidade (com base em uma lista de 12 árbitros, cada qual indicado pelos Estados Partes do Mercosul, conforme art. 11 do Protocolo de Olivos*); o terceiro árbitro (que exerce as funções de presidente) deve ser escolhido mediante comum acordo entre os Estados – com base em uma lista de terceiros árbitros, com 4 representantes de cada Estado, sendo que ao menos um deles deverá ter a nacionalidade de terceiros Estados (isto é, de outros Estados que não os integrantes do Mercosul) – ou por sorteio na Secretaria do Mercosul (Accioly, 2010).

---

* Art. 11 do Procotolo de Olivos: Listas de árbitros: "Cada Estado Parte designará doze (12) árbitros, que integrarão uma lista que ficará registrada na Secretaria Administrativa do Mercosul. A designação dos árbitros, juntamente com o *curriculum vitae* detalhado de cada um deles, será notificada simultaneamente aos demais Estados Partes e à Secretaria Administrativa do Mercosul" (Brasil, 2004).

3.3 Demais blocos econômicos

Uma vez que analisamos o processo de integração do Mercosul, consideramos importante examinar também os demais blocos econômicos.

▪ Unasul (União de Nações Sul-Americanas)

No que se refere ao subcontinente latino-americano, merece especial destaque e referência um recente projeto integracionista: a Unasul. Para alguns autores de direito, trata-se de um processo integracionista promissor, pois contempla uma região com grande potencial econômico e comercial, além de ter objetivos que não se restringem ao campo econômico, abrangendo também questões políticas e culturais.

De acordo com Negro (2013), a Unasul tem como antecedentes a proposta de criação da Alcsa (Área de Livre Comércio da América do Sul), cujo objetivo era concretizar os acordos para a formação de uma área de livre comércio entre o Mercosul e a Comunidade Andina. No ano de 1993, o objetivo era – efetivamente – aprofundar a integração regional sul-americana, de forma a buscar melhores condições para negociar com os Estados Unidos da América.

No ano de 2000, de acordo com Negro (2013), foi concretizada a Iirsa (Iniciativa para a Integração da Infraestrutura Regional da América do Sul), com a possibilidade de desenvolvimento de projetos em setores de ferrovias, rodovias, hidrovias, telecomunicações etc.

No ano de 2004, na 3ª Reunião de Cúpula, realizada na cidade de Cusco (Peru), os Estados celebraram acordo para a criação da Comunidade Sul-Americana de Nações, com o intuito de criar um espaço comum na América do Sul, com vistas ao desenvolvimento social, econômico, ambiental e de infraestrutura do subcontinente (Negro, 2013).

No ano de 2007, na I Conferência de Cúpula Energética da América do Sul, realizada na Ilha de Margarita (Venezuela), o projeto foi reestruturado com o intuito de criar a Unasul, de forma a estabelecer uma secretaria com sede em Quito, no Equador (Negro, 2013).

No ano subsequente, na cidade de Brasília, durante a Reunião Extraordinária dos Chefes de Estado da Unasul, foi aprovado um tratato institucional. Passaram a integrar o bloco os seguintes Estados: Argentina, Brasil, Chile, Colômbia, Equador, Guiana, Paraguai, Peru, Suriname, Uruguai e Venezuela. O bloco tem como um de seus principais objetivos a construção de um espaço comum pautado no respeito à soberania, integridade e inviolabilidade territorial dos Estados; no respeito ao princípio da autodeterminação dos povos; na solidariedade e na cooperação; no respeito ao Estado democrático de direito; na participação e inclusão dos cidadãos; no respeito ao pluralismo, aos direitos humanos universais, indivisíveis e interdependentes; na redução das desigualdades e na busca do desenvolvimento sustentável (Negro, 2013).

Negro (2013) ressalta que a Unasul apresenta em sua estrutura institucional 12 conselhos setoriais*, entre os quais destacamos os examinados em seguida.

---

* Respectivamente: 1) Conselho de Defesa Sul-Americano; 2) Conselho de Saúde Sul-Americano; 3) Conselho Eleitoral da Unasul; 4) Conselho Energético Sul-Americano; 5) Conselho Sul-Americano de Ciência, Tecnologia e Inovação; 6) Conselho Sul-Americano de Cultura; 7) Conselho Sul-Americano de Desenvolvimento Social; 8) Conselho Sul-Americano de Economia e de Finanças; 9) Conselho Sul-Americano de Educação; 10) Conselho Sul-Americano de Infraestrutura e Planejamento; 11) Conselho Sul-Americano sobre o Problema Mundial das Drogas; 12) Conselho Sul-Americano em Matéria de Segurudade, Cidadania, Justiça e Coordenação de Ações contra a Delinquência Organizada.

Conselho de Defesa Sul-Americano

Trata-se de um órgão de consulta, cooperação e coordenação em matéria de defesa e composto pelos respectivos ministros. Historicamente, pode-se dizer que a Unasul buscava tornar a América do Sul uma área de paz e estabilidade; para tanto, seria necessário discutir os problemas de segurança que enfrentavam os países, a exemplo maior da questão das FARC (Forças Armadas Revolucionárias da Colômbia) e das influências da segurança no interior de cada país.

O Conselho de Defesa contou com a ampla participação do Brasil, dado que foi o país quem propôs sua criação, com o fito de buscar unidade em matéria de defesa na região. A proposta foi amplamente discutida e aceita pelos 12 países-membros em 16 de dezembro de 2008, na ocasião da Cúpula Extraordinária da Unasul, que aconteceu na Costa do Sauípe, na Bahia, Brasil.

A Unasul e o Conselho de Defesa têm objetivos gerais e específicos. Entre os objetivos gerais, conforme já visto, a Unasul preza pela consolidação sul-americana como uma zona de paz, sendo esta considerada base para a estabilidade democrática da região e condição de desenvolvimento dos povos. Visa ainda construir uma identidade sul-americana em matéria de defesa, capaz de tomar conta das características locais e nacionais e também de contribuir com o fortalecimento da região e do Caribe; visa também gerar o consenso na região em matéria de defesa.

Já como objetivos específicos, o texto do de constituição do CDS (Unasur, 2015), informa e elenca os onze objetivos traçados, sendo eles:

1. Avançar gradualmente na análise e discussão dos elementos comuns em prol de uma visão conjunta em matéria de defesa;
2. Promover o intercâmbio de informação e análise sobre a situação regional e internacional, com o propósito de identifi-

car os fatores de risco e as ameaças que possam afetar a paz regional e mundial;
3. Contribuir para a articulação de posições conjuntas da região em fóruns multilaterais sobre defesa no âmbito do art. 14 do Tratado Constitutivo da Unasul;
4. Avançar na construção de uma visão compartilhada nas tarefas de defesa e promoção de diálogo e cooperação preferencial com outros países da América Latina e do Caribe;
5. Fortalecer a adoção de medidas de fomento da confiança e difundir as lições aprendidas;
6. Promover o intercâmbio e cooperação no âmbito da indústria de defesa;
7. Fomentar o intercâmbio em matéria de formação e capacitação militar, facilitar processos de treinamento entre as Forças Armadas e promover a cooperação acadêmica entre centros de estudo de defesa;
8. Compartilhar experiências e apoiar ações humanitárias, como desminagem, prevenção, mitigação e assistência às vítimas de desastres naturais;
9. Compartilhar experiências em operações de manutenção da paz das Nações Unidas;
10. Intercambiar experiências sobre os processos de modernização dos Ministérios de Defesa e das Forças Armadas;
11. Promover a incorporação da perspectiva de gênero no âmbito da defesa.

Conselho Energético Sul-Americano

As fontes energéticas da América do Sul sempre estiveram em questão no âmbito da Unasul, fazendo parte de um dos objetivos principais para se atingir a integração regional. Assim, em 2007, durante a Cúpula Energética Sul-Americana, realizada na Ilha de Margarita, Venezuela, foi dado início ao processo de institucionalização do

Conselho Energético Sul-Americano, concomitantemente à necessidade de criação da própria Unasul. No entanto, a institucionalização do Conselho Energético só veio a se concretizar em 4 de maio de 2010, na cidade de Los Cardales, Argentina, quando uma série de documentos discutidos entre os anos de 2008 e 2010 foram aprovados e consolidados. Mais especificamente, três foram os documentos de grande importância nessa temática: as diretrizes de estratégia energética sul-americana, as diretrizes sul-americanas de um plano de ação para integração energética regional e a estruturação do Tratado Energético Sul-Americano.

Atualmente, o Conselho Energético Sul-Americano é encarregado de exercer cooperação e complementação em matéria energética na região da Unasul. Ele se fundamenta em princípios que foram contemplados no Consenso de Guayaquil e que estão firmados nas Declarações de Cusco, Caracas, Cochabamba e Margarita.

Para saber mais

O setor de energia é assunto de grande importância no âmbito da Unasul. Para saber mais sobre o setor energético da Unasul, a história completa do Conselho Energético, a situação atual (2012) de determinadas matérias-primas (petróleo, gás natural, carvão mineral, energia nuclear e fontes renováveis de energia), legislação e outras informações, acesse:

UNASUR –Unión de Naciones Suramericanas; Organización
  Latinoamericana de Energía. *Unasur*: Un espacio que
  consolida la integración energética. Quito, Ecuador, jun.
  de 2012. Disponível em: <http://www.olade.org/sites/default/
  files/publicaciones/UNASUR%20-%20Un%20espacio%20
  que%20-completo.pdf>. Acesso em: 22 mai 2015.

Conselho Sul-Americano de Planejamento e Infraestrutura (Cosiplan)

Criado na 3ª Reunião Ordinária do Conselho de Chefes de Estado e de Governo, que ocorreu em 28 de janeiro de 2009, em Quito, no Equador, o Cosiplan funciona como um espaço para discussão política e estratégica, que visa à integração da infraestrutura regional dos países-membros por meio de consulta, avaliação, cooperação, planejamento e coordenação de esforços e programas conjuntos.

De maneira simples, o Ministério do Planejamento do Brasil assim sintetiza o Cosiplan:

> *O Conselho Sul-Americano de Infraestrutura e Planejamento (COSIPLAN) é um órgão da União das Nações Sul-Americanas (UNASUL). Foi criado em agosto de 2009 durante encontro presidencial da UNASUL, quando foi decidida a substituição do Comitê de Direção Executiva da Iniciativa para a Integração da Infraestrutura Regional Sul-Americana (IIRSA) por um Conselho em nível de Ministros. Com a medida, os países membros buscaram conferir maior suporte político às atividades desenvolvidas na área de integração da infraestrutura, de forma a assegurar os investimentos necessários para a execução de projetos prioritários.*
>
> *De lá para cá, o COSIPLAN definiu um Plano de Ação Estratégica para os próximos 10 anos e elaborou uma Agenda Prioritária de Projetos, que funcionarão como indutores do da integração da infraestrutura regional, estratégica para o desenvolvimento sul-americano.*
>
> *O COSIPLAN substituiu a Iniciativa para a Integração da Infraestrutura Regional Sul-Americana (IIRSA). Concebida como foro de coordenação e intercâmbio de informações sobre infraestrutura entre os Governos dos 12 países da Região, a IIRSA, em seus 10 anos de existên-*

cia, desenvolveu importante trabalho, com uma carteira de 520 projetos. (Brasil, 2015b)

Como objetivos gerais, dispostos no art. 3º de seu estatuto, o Cosiplan busca:

a. Desenvolver uma infraestrutura para a integração regional, reconhecendo e proporcionando continuidade aos êxitos e progressos da Iniciativa para a Integração da Infraestrutura Regional Sul-Americana (IIRSA), incorporando-os a seu marco de trabalho.
b. Incentivar a cooperação regional na planificação e na infraestrutura, mediante alianças estratégicas entre os Estados Membros da UNASUL.
c. Promover a compatibilização dos marcos normativos existentes nos países Membros da UNASUL que regulam o desenvolvimento e a operação da infraestrutura na região.
d. Identificar e estimular a execução de projetos prioritários para a integração e avaliar alternativas para seu financiamento. (Iirsa, 2013)

O art. 4º do Estatuto do Cosiplan, por sua vez, elenca os objetivos específicos do conselho:

a. Promover a conectividade da região a partir da construção de redes de infraestrutura para sua integração física, levando em conta critérios de desenvolvimento social e econômico sustentáveis, e preservando o meio ambiente e o equilíbrio dos ecossistemas.
b. Aumentar as capacidades e potencialidades da população local e regional através do desenvolvimento da infraestrutura, com a finalidade de melhorar sua qualidade e esperança de vida.
c. Elaborar estratégias regionais de planificação para o desenvolvimento da infraestrutura.

d. *Consolidar a Carteira de Projetos para a Integração da Infraestrutura Regional Sul-Americana.*
e. *Estimular o uso intensivo de tecnologia da informação e comunicação a fim de superar as barreiras geográficas e operacionais dentro da região.*
f. *Impulsar a aplicação de metodologias, o desenvolvimento de processos setoriais e as ações complementares que possibilitem a elaboração, a execução e a operação dos projetos de integração física.* (Iirsa, 2013)

Assim, com base nas informações apresentadas, podemos perceber que a Unasul surgiu com o intuito de consolidar a integração política, física e de infraestrutura da América do Sul, o que pode ser observado em sua estrutura institucional e em objetivos.

Como se trata de um processo de integração de natureza jurídica intergovernamental, as decisões são adotadas mediante consenso. As fontes jurídicas estabelecidas no Tratado Constitutivo da Unasul são as seguintes: tratado fundacional e demais protocolos e tratados daí decorrentes; decisões e resoluções emanadas pelos órgãos da Unasul.

No que diz respeito à solução de controvérsias, elas devem ser dirimidas por meio da diplomacia, isto é, por meio de negociações diretas. Em caso de insucesso, é possível a intervenção do Conselho de Delegados, que no prazo de 60 dias poderá propor uma solução ao caso.

Por se tratar de um processo de integração recente, devemos observar seus desdobramentos para verificar se os objetivos serão alcançados.

Aliança do Pacífico

A iniciativa do lançamento do bloco econômico da Aliança do Pacífico decorre de um projeto para a criação de uma área de livre comércio, em 6 de junho de 2012, entre Colômbia, Chile, Peru e México, com objetivos econômicos e comerciais, visando à integração progressiva das cadeias de produção para a futura formação de um mercado comum (de bens, pessoas, serviços e capitais), de forma a superar as desigualdades econômicas entre os países envolvidos e integrar as economias entre a Ásia e o Pacífico. Integram o bloco econômico como países observadores: China, Estados Unidos, Reino Unido, Holanda, Itália, Alemanha, Portugal, Ururuai e Paraguai.

De acordo com Gomes (2014, p. 153-154);

> Sua estrutura institucional está assim disposta: Conferência dos Chefes de Estado, Conselho de Ministros, Grupo de Alto Nível e Comitês Técnicos, assim subdivididos: Grupo sobre Comércio e Integração, Grupo sobre Serviços e Investimentos, Grupo sobre Cooperação e Grupo sobre Assuntos Institucionais.

Assim, a Aliança do Pacífico é um projeto que se assemelha aos objetivos propostos pelo Nafta (North American Free Trade Agreement), que, de certa forma, se contrapõem àqueles da Unasul. Vejamos, a seguir, as propostas da Aliança do Pacífico:

> *A Aliança do Pacífico é uma plataforma estratégica porque:*
> - *Busca a integração profunda de serviços [...].*
> - *É um processo de integração aberto e não excludente, constituído por países com visões semelhantes de desenvolvimento e defensores do livre comércio como motor de crescimento.*
> - *É uma iniciativa dinâmica, com alto potencial e projeção de negócios. O conjunto de economias dos países-membros ocupa o oitavo lugar em nível mundial.*
> - *Está orientada à modernidade, ao pragmatismo e à vontade política para enfrentar os desafios do entorno econômico internacional.*

- *Oferece vantagens competitivas para os negócios internacionais, com um foco claro na região da Ásia-Pacífico.*

Nossos pontos fortes:

- *A Aliança do Pacífico constitui a sétima potência exportadora em nível mundial.*
- *Na América Latina e no Caribe, o bloco representa 36% do PIB, concentra 50% do comércio total e atrai 41% do investimento estrangeiro. Os quatro países representam uma população de 212 milhões de pessoas com um PIB médio* per capita *de 10.000 dólares.*
- *A população é em sua maioria jovem e é uma força de trabalho qualificada, assim como o mercado é atrativo, com poder aquisitivo em constante crescimento.*

A Aliança do Pacífico é aberta ao livre comércio:

- *Os membros mantêm uma rede de acordos comerciais entre si e com as economias mais desenvolvidas e dinâmicas do mundo.*
- *Promove o intercâmbio comercial, o investimento, a inovação e a tecnonogia com as regiões mais competitivas, além de ter potencial para atrair novos investimentos para a região.*
- *A Aliança do Pacífico conta com vantagens competitivas em setores como mineração, silvicultura, energia, agricultura, setor automotivo, pesqueiro e de manufatura.*

Espaço de cooperação efetivo que impulsiona iniciativas inovadoras em:

- *Livre circulação de pessoas.*
- *Preservação e respeito ao meio ambiente.*
- *Criação de uma rede de investigação científica sobre alterações climáticas.*

- *Intercâmbio acadêmico e estudantil.*
- *Promoção cultural.*
- *Integração dos mercados de valores.*
- *Abertura de escritórios de vendas e participação conjunta em feiras e exposições no mesmo espaço.*
- *Melhoria da competitividade e da inovação das pequenas e médias empresas.*
- *Turismo* (Alianza del Pacífico, 2015c, tradução nossa, grifo do original).

Assim, podemos verificar que a América Latina conta com várias experiências integracionistas, sem, contudo, aprofundar ou buscar um modelo próprio de desenvolvimento para a integração.

Nafta (North American Free Trade Agreement)

O Nafta (Tratado Norte-Americano de Livre Comércio) é um bloco econômico em estágio de integração de zona de livre comércio, formado por Canadá, Estados Unidos e México, instituído no ano de 1992 e vigente desde 1994 (Gomes, 2014).

O bloco surgiu de negociações bilaterais entre Canadá e Estados Unidos, com a posterior inclusão do México. Trata-se de um processo de integração que surgiu, de acordo com Negro (2013), das políticas liberais do Consenso de Washington, com a respectiva interdependência entre os Estados.

Com objetivos meramente econômicos e comerciais, o acordo Nafta prevê a adoção de políticas voltadas ao livre comércio de bens e serviços, com crescimento econômico e desenvolvimento sustentável (Negro, 2013). É interessante observar que o acordo Nafta se traduz em um bloco econômico totalmente assimétrico, uma vez que engloba, de um lado, duas economias desenvolvidas – Canadá e Estados Unidos (entre estas, a principal do planeta, que é a norte-americana) – e, de outro, uma economia em desenvolvimento – México. Inquestionavelmente, o processo integracionista resultou na adoção de políticas econômicas e comerciais que levaram a economia do México a uma grande dependência em relação à economia norte-americana.

A estrutura institucional do Nafta é eminentemente intergovernamental, pois cada órgão tem sua respectiva seção nacional. Assim, a Comissão de Livre Comércio do Nafta é integrada pelos membros indicados pelos respectivos Estados, com sede em cada um deles. Igualmente, a Comissão de Livre Comércio conta com órgãos técnicos e administrativos, que são as secretarias, com sedes dentro dos Estados que integram o bloco (Secretariado del TLCAN, 2015).

Conformado em um modelo de integração extremamente pragmático, o acordo Nafta se traduz em um interessante bloco econômico a ser estudado, principalmente se forem consideradas as políticas comerciais da OMC.

Síntese

Neste capítulo, para melhor examinarmos o fenômeno da integração econômica, abordamos alguns blocos econômicos.

Como proposta inicial, tratamos da União Europeia (UE), bloco econômico de natureza jurídica supranacional que adota um direito peculiar (supranacional) e que tem como características a aplicabilidade direta, a uniformidade na interpretação e na aplicação do direito supranacional e a primazia da norma da UE com relação ordenamento jurídico nacional.

Analisamos as instituições da UE e a atuação do seu Tribunal de Justiça, além do conceito de supranacionalidade e das noções e fontes de seu ordenamento jurídico.

Por outro lado, entre os blocos econômicos de natureza jurídica intergovernamental, destacamos o Mercosul (Mercado Comum do Sul), bloco econômico em regime de união aduaneira imperfeita composto por Argentina, Brasil, Paraguai, Uruguai e Venezuela. Como bloco econômico de natureza jurídica intergovernamemtal, o Mercosul é regido pelas regras do direito internacional público, sendo que as decisões são tomadas mediante consenso e com a presença de todos os Estados.

Finalmente, destacamos o ordenamento jurídico do Mercosul e de seus órgãos, com destaque para o Tribunal Permanente de Revisão e o Parlamento.

Ainda na América do Sul, mencionamos a Unasul (União de Nações Sul-Americanas) e a sua proposta de integração, que se diferencia daquela do Mercosul. Vimos ainda que Aliança do Pacífico trabalha com uma proposta de regionalismo aberto. Finalmente, analisamos o Nafta (North American Free Trade Agreement), que contempla um processo de integração em estágio de zona de livre comércio do qual fazem parte Canadá, Estados Unidos e México.

Consultando a legislação

Visitando os *sites* a seguir, você terá acesso aos tratados institutivos dos principais blocos econômicos estudados neste capítulo.

Direito da União Europeia (UE) e seus principais tratados

Neste capítulo, você viu que a UE tem uma longa história e conta com importantes tratados, como o Tratado de Roma e o Tratado de Maastricht. No endereço indicado a seguir (*site* oficial da UE, em português), é possível ler os principais tratados da UE e verificar

suas respectivas datas de assinatura e entrada em vigor, seus objetivos gerais e as mudanças trazidas pelo tempo.
UNIÃO EUROPEIA. *Tratados da UE*. Disponível em: <http://europa.eu/eu-law/decision-making/treaties/index_pt.htm>. Acesso em: 20 mar. 2015.

Tratados, protocolos e acordos do âmbito do Mercosul (Mercado Comum do Sul)

No caso do Mercosul, você viu que o Tratado de Assunção estabeleceu o início desse bloco de integração regional, tendo sido firmado em 26 de março de 1991. Hoje, conta com vários outros tratados e protocolos, dos mais diversos assuntos, com destaque para o Protocolo de Ouro Preto e para o Protocolo de Olivos.

No *site* indicado a seguir, é possível conferir a situação das ratificações dos tratados e protocolos existentes no Mercosul pelos Estados e consultar cada um desses documentos (atualmente 131) e sua atual situação (se foi revogado, modificado e quando entrou em vigor). É possível também ler na íntegra esses textos. O *site* é do próprio Mercosul e oferece um bom panorama jurídico do bloco.
MERCOSUR. *Tratados, protocolos y acuerdos depositados en Paraguay*. Disponível em: <http://www.mercosur.int/t_ligaenmarco.jsp?contentid=4823&site=1&channel=secretaria>. Acesso em: 8 jun. 2015.

Tratado fundacional da Unasul (União de Nações Sul-Americanas)

Acerca da Unasul, o *site* indicado a seguir traz o tratado fundacional desse bloco, em que é possível verificar os objetivos, a estrutura, as fontes jurídicas, a aprovação da normativa, entre outros assuntos vistos neste capítulo.
BRASIL. Decreto n. 7.667, de 11 de janeiro de 2012. *Diário Oficial da União*, Poder Executivo, Brasília, DF, 12 jan. 2012. Disponível em: <http://goo.gl/9xAwLP>. Acesso em: 23 jul. 2015.

Questões para revisão

1) (Adaptada de Cespe – 2010 – Juiz do Trabalho) Acerca da utilização da moeda comum na União Europeia, assinale a opção correta:
   a. A participação na Zona do Euro conforma obrigação comunitária irrenunciável, à exceção dos recém-admitidos países do Leste Europeu, que deverão passar por período de convergência macroeconômica.
   b. A adesão ao euro não implica renúncia a bancos centrais nacionais nem a possibilidade da prática de política monetária e de utilização do direito tributário como ferramenta de política econômica.
   c. As iniciativas políticas unilaterais dos países comunitários da Zona do Euro são limitadas.
   d. A Zona do Euro inclui todos os seis países fundadores das comunidades europeias, embrião da atual União Europeia, e outros países posteriormente aderentes, como Irlanda e Grã-Bretanha.
   e. A utilização de moeda comum possibilita a litigância em bloco no sistema de solução de controvérsias da OMC.

2) (Adaptada de Cespe – 2013 – Juiz Federal) A respeito da estrutura institucional do Mercosul, assinale a opção correta:
   a. As normas da Comissão de Comércio do Mercosul possuem caráter meramente recomendatório.
   b. Compõe a estrutura institucional do Mercosul a Comissão de Tribunais Constitucionais.

c. É atribuição do Conselho do Mercado Comum supervisionar as atividades da Secretaria Administrativa do Mersocul.
d. Cabe ao Conselho do Mercado Comum exercer a titularidade da personalidade jurídica do Mercosul.
e. Ao Mercosul é vedado estabelecer acordos de sede.

3) (Adaptada de Esaf – 2012 – Analista de Comércio Exterior) Em relação às obrigações assumidas pelos Estados Partes do Mercosul quanto às barreiras impostas no comércio internacional, **não** é verdade afirmar que:
   a. o Mercosul adota uma tarifa externa comum. Entretanto, há produtos com tarifa não uniformizada, incluídos, sobretudo, nas Listas de Exceção nacionais.
   b. os Estados Partes do Mercosul devem garantir, na aplicação de suas tarifas, a absoluta extensão do princípio da nação mais favorecida aos membros da OMC.
   c. a imposição de barreiras de caráter sanitário exige a comprovação de prova científica do risco alegado.
   d. o Acordo de Barreiras Técnicas ao Comércio (TBT) é obrigatório para todos os Membros da OMC, inclusive para os Estados Partes do Mercosul.
   e. licenciamento de importações não pode, conforme as regras da OMC, ser utilizado meramente para imposição de restrições quantitativas.

4) Explique, de maneira resumida e com base no estudo do Protocolo de Olivos (Brasil, 2004), como funciona o atual sistema de solução de controvérsias do Mercosul.

5) Em que medida a Unasul é um bloco promissor na região da América do Sul? Quais são os pontos negativos do bloco?

Questões para reflexão

1) Quais são as perspectivas para a conclusão das negociações entre Mercosul e União Europeia?

2) Qual é o papel do Brasil na atuação dos principais blocos econômicos e, especialmente, do Mercosul? E qual seria a contribuição do Mercosul para o Brasil?

Ao longo deste livro, apresentamos uma visão atual sobre o direito da integração econômica, de forma a mostrar ao leitor as noções gerais e os conceitos pertinentes à formação dos blocos econômicos e aos estágios da integração, além de delimitar temas importantes, como o regionalismo e o multilateralismo, a Organização Mundial do Comércio (OMC) e os principais blocos econômicos existentes.

Tratamos, de forma atual e contemporânea, dos principais temas ligados ao comércio internacional, por meio de uma linguagem simples, direta e objetiva, porém sem nos descuidarmos dos conceitos técnicos, que sempre devem estar presentes em obras científicas.

Além de seleta bibliografia, nacional e estrangeira, sobre os temas abordados, apresentamos uma criteriosa seleção de *sites* oficiais de blocos econômicos e organizações internacionais, a fim de divulgar as fontes primárias das informações, evitando, desse modo, a mera repetição de conteúdos doutrinários.

Assim, a qualidade do material pode ser constatada pela atualidade das informações e pela maneira como as fontes de pesquisa foram trabalhadas, com o intuito de trazer uma abordagem direta e dialógica das informações que serão úteis aos estudantes das áreas

para concluir...

de relações internacionais, ciência política, comércio exterior e direito, bem como aos demais interessados no assunto.

Como forma de buscar um melhor aprofundamento da matéria, sugerimos que você se aprofunde nas fontes extraídas da internet e nas fontes bibliográficas trabalhadas nesta obra, indicadas ao longo do livro ou reunidas na seção "Referências".

ACCIOLY, E. *Mercosul e União Europeia*: estrutura jurídico-institucional. 4. ed. Curitiba: Juruá, 2010.

ACORDO Geral sobre Tarifas Aduaneiras e Comércio 1947 (GATT 47). 30 out. 1947. Disponível em: <http://www.mdic.gov.br/arquivo/secex/omc/acordos/gatt47port.pdf>. Acesso em: 20 mar. 2015.

ALIANZA DEL PACÍFICO. *La Alianza del Pacífico y sus objetivos*. Disponível em: <http://alianzapacifico.net/que-es-la-alianza/#la-alianza-del-pacifico-y-sus-objetivos>. Acesso em: 20 mar. 2015a.

_____. *Países observadores*. Disponível em: <http://alianzapacifico.net/paises/#paises-observadores>. Acesso em: 20 mar. 2015b.

_____. *Valor estratégico*. Disponível em: <http://alianzapacifico.net/que-es-la-alianza/#valor-estrategico>. Acesso em: 20 mar. 2015c.

ATA final que incorpora os resultados das negociações comerciais multilaterais da Rodada Uruguai. Marraqueche, 15 abr. 1994. Disponível em: <http://www.planalto.gov.br/ccivil_03/decreto/1990-1994/anexo/and1355-94.pdf>. Acesso em: 20 mar. 2015.

BRASIL. Decreto n. 4.982, de 9 de fevereiro de 2004. Promulga o Protocolo de Olivos para a Solução de Controvérsias no Mercosul. *Diário Oficial da União*, Poder Executivo, Brasília, 10 fev. 2004. Disponível em: <http://www.planalto.gov.br/ccivil_03/_ato2004-2006/2004/decreto/d4982.htm>. Acesso em: 10 maio 2015.

BRASIL. Ministério das Relações Exteriores. Disponível em: <http://www.itamaraty.gov.br/index.php?lang=pt-BR>. Acesso em: 20 jul. 2014.

BRASIL. Ministério do Desenvolvimento, Indústria e Comércio Exterior. *O que e quais são os modos de prestação de acordo com o Acordo Geral sobre o Comércio de Serviços (GATS)*. Disponível em: <http://www.mdic.gov.br/arquivos/dwnl_1294258853.pdf>. Acesso em: 16 maio 2015a.

BRASIL. Ministério do Planejamento, Orçamento e Gestão. *Cosiplan – Conselho Sul-Americano de Infraestutrura e Planejamento*. Disponível em: <http://www.planejamento.gov.br/assuntos/planejamento-e-investimentos/integracao-sul-americana-1/cosiplan-conselho-sul-americano-de-infraestrutura-e-planejamento>. Acesso em: 31 ago. 2015.

BRASIL. Palácio do Planalto. Decreto n. 7.667, de 11 de janeiro de 2012. *Diário Oficial da União*, 12 jan. 2012. Disponível em: <http://www.planalto.gov.br/ccivil_03/_Ato2011-2014/2012/Decreto/D7667.htm>. Acesso em: 15 set. 2015.

CONSELHO DO MERCADO COMUM. *Protocolo de Brasília para a Solução de Controvérsias*. Brasília, 17 dez. 1991. Disponível em: <http://www.antaq.gov.br/portal/pdf/Mercosulprotocolobrasilia.pdf>. Acesso em: 10 abr. 2015.

_____. *Regulamento do procedimento para solicitação de opiniões consultivas ao Tribunal Permanente de Revisão pelos Tribunais Superiores de Justiça dos Estados Partes do Mercosul*. Rio de Janeiro, 18 jan. 2007. Disponível em: <http://www.sice.oas.org/trade/mrcsrs/decisions/dec0207p.pdf>. Acesso em: 22 maio 2015.

CONSELHO EUROPEU. *O processo legislativo ordinário*. Disponível em: <http://www.consilium.europa.eu/pt/council-eu/decision-making/ordinary-legislative-procedure>. Acesso em: 10 abr. 2015a.

_____. *Sistema de votação*. Disponível em: <http://www.consilium.europa.eu/pt/council-eu/voting-system>. Acesso em: 10 abr. 2015b.

DESA – Development Policy and Analysis Division. *What Are Least Developed Countries (LDCs)?* Disponível em: <http://www.un.org/en/development/desa/policy/cdp/ldc_info.shtml>. Acesso em: 20 mar. 2015.

DIZ, J. B.; ORANTES, P. N. *Direito da integração regional.* Curitiba: Juruá, 2012.

GOMES, E. B. *A globalização econômica e a integração no continente americano*: desafios para o Estado Brasileiro. Ijuí: Unijuí, 2004.

_____. *Blocos econômicos e solução de controvérsias*: uma análise comparativa a partir da União Europeia e Mercosul. 3. ed. Curitiba: Juruá, 2010.

_____. *Comércio internacional e Comunidade Sul-Americana de Nações*: o projeto democrático da integração. Porto Alegre: Safe, 2007.

_____. Democracia e o Parlamento do Mercosul: rumos da integração sul-americana. *Revista de Informação Legislativa*, Brasília, ano 48, n. 191, p. 47-59, jul./set. 2011. Disponível em: <http://www2.senado.leg.br/bdsf/bitstream/handle/id/242908/000926848.pdf?sequence=1>. Acesso em: 10 abr. 2015.

_____. *Manual de direito da integração regional.* 2. ed. Curitiba: Juruá, 2014.

IIRSA – Iniciativa para la Integración de la Infraestructura Regional Suramericana. *Anexo 1 – Conselho Sul-Americano de Infraestrutura e Planejamento (Cosiplan).* ago. 2013. Disponível em: <http://www.iirsa.org/admin_iirsa_web/Uploads/Documents/Estatuto_Cosiplan_por.pdf>. Acesso em: 5 maio 2015.

LARRAGRAÑA, F. A. *Organismos internacionais de comércio.* São Paulo: Aduaneiras, 2007.

MAGALHÃES, J. C. *Direito econômico internacional*: tendências e perspectivas. Curitiba: Juruá, 2010.

MELLO, C. D. *Direito internacional da integração.* Rio de Janeiro: Renovar, 1996.

NEGRO, S. *Manual de derecho de la integración.* Buenos Aires: Euros Editores, 2013.

OLIVEIRA, A. C. *Do velho ao novo regionalismo*: evolução das políticas conjuntas para o desenvolvimento planejado da América latina. Santiago: Cepal, 2014. Disponível em: <http://www10.iadb.org/intal/intalcdi/PE/2014/14127.pdf>. Acesso em: 20 mar. 2015.

OLIVEIRA, I. T. M.; BADIN, M. R. S. (Org.). *Tendências regulatórias nos acordos preferenciais de comércio do século XXI*: os casos de

Estados Unidos, União Europeia, China e India. Brasília: Ipea, 2013. Disponível em: <http://www.ipea.gov.br/agencia/images/stories/PDFs/livros/livros/livro_tendencias_regulatorias1.pdf>. Acesso em: 20 mar. 2015.

OMC – Organización Mundial del Comércio. *Acuerdos comerciales regionales.* Disponível em: <https://www.wto.org/spanish/tratop_s/region_s/region_s.htm>. Acesso em: 20 mar. 2015a.

_____. *Declaración Ministerial adoptada el 20 de Mayo de 1998.* Genebra, 1998. Disponível em: <https://www.wto.org/spanish/thewto_s/minist_s/min98_s/mindec_s.htm>. Acesso em: 20 mar. 2015.

_____. *Declaración Ministerial de Singapur, adoptada el 13 de diciembre de 1996.* Singapur, 1996. Disponível em: <https://www.wto.org/spanish/thewto_s/minist_s/min96_s/wtodec_s.htm#purpose>. Acesso em: 20 mar. 2015.

_____. *Estructura de la OMC.* Disponível em: <https://www.wto.org/spanish/thewto_s/whatis_s/tif_s/org2_s.htm>. Acesso em: 20 mar. 2015b.

_____. *Grupos en el marco de las negociaciones.* Disponível em: <https://www.wto.org/spanish/tratop_s/dda_s/negotiating_groups_s.htm#grp007>. Acesso em: 20 mar. 2015c.

_____. *La OMC.* Disponível em: <https://www.wto.org/spanish/thewto_s/thewto_s.htm>. Acesso em: 20 mar. 2015d.

_____. *La Tercera Conferencia Ministerial de la OMC.* Seattle, 1999. Disponível em: <https://www.wto.org/spanish/thewto_s/minist_s/min99_s/min99_s.htm>. Acesso em: 20 mar. 2015.

_____. *Los principios del sistema de comercio.* Disponível em: <https://www.wto.org/spanish/thewto_s/whatis_s/tif_s/fact2_s.htm>. Acesso em: 20 mar. 2015e.

_____. *Medio ambiente*: una preocupación especial. Disponível em: <https://www.wto.org/spanish/thewto_s/whatis_s/tif_s/bey2_s.htm>. Acesso em: 20 mar. 2015f.

OMC – Organización Mundial del Comércio. *Normas del trabajo*: consenso, coherencia y controversia. Disponível em: <https://www.wto.org/spanish/thewto_s/whatis_s/tif_s/bey5_s.htm>. Acesso em: 20 mar. 2015g.

OMC – Organización Mundial del Comércio. *Procedimiento de los grupos especiales*. Disponível em: <https://www.wto.org/spanish/thewto_s/whatis_s/tif_s/disp2_s.htm>. Acesso em: 20 mar. 2015h.

_____. *Qué es la Organización Mundial del Comercio?* Disponível em: <https://www.wto.org/spanish/thewto_s/whatis_s/tif_s/fact1_s.htm>. Acesso em: 10 abr. 2015i.

_____. *Regionalismo*: ¿Amigos o rivales? Disponível em: <https://www.wto.org/spanish/thewto_s/whatis_s/tif_s/bey1_s.htm>. Acesso em: 20 mar. 2015j.

_____. *Una contribución excepcional*. Disponível em: <https://www.wto.org/spanish/thewto_s/whatis_s/tif_s/disp1_s.htm>. Acesso em: 20 mar. 2015k.

PROTOCOLO adicional ao Tratado de Assunção sobre a estrutura institucional do Mercosul – Protocolo de Ouro Preto. Ouro Preto, 17 dez. 1994. Disponível em: <http://www.sice.oas.org/trade/mrcsrp/ourop/ouropinp.asp>. Acesso em: 22 maio 2015.

SACU - South African Customs Union. *What is SACU?* Disponível em: <http://www.sacu.int>. Acesso em: 7 ago. 2015.

SECRETARIADO DEL TLCAN. Disponível em: <https://www.nafta-sec-alena.org/Inicio>. Acesso em: 22 maio 2015.

TÓPICOS DE 2ª GUERRA MUNDIAL. *Tratados pós-Segunda Guerra Mundial*. Disponível em: <http://topicosdesegundaguerra.blogspot.com.br/2010/05/tratados-pos-segunda-guerra.html>. Acesso em: 5 jun. 2015.

TRATADO para a constituição de um mercado comum entre a República Argentina, a República Federativa do Brasil, a República do Paraguai e a República Oriental do Uruguai. Assunção, 26 mar. 1991. Disponível em: <http://www.sice.oas.org/Trade/MRCSRP/treatyasun_p.asp>. Acesso em: 22 maio 2015.

UNASUR – Unión de Naciones Suramericanas. *Consejo de Defensa Suramericano (CDS)*. Disponível em: <http://www.ceedcds.org.ar/Espanol/09-Downloads/ESTATUTO_CDS.pdf>. Acesso em: 22 maio 2015.

UNASUR – Unión de Naciones Suramericanas; OLADE – Organización Latinoamericana de Energía. *Unasur*: un espacio que consolida la integración energética. Quito, Ecuador, jun. 2012. Disponível em: <http://www.olade.org/sites/default/files/publicaciones/ UNASUR%20-%20Un%20espacio%20que%20-completo.pdf>. Acesso em: 22 mai 2015.

UNIÃO EUROPEIA. *A história da União Europeia*. Disponível em: <http://europa.eu/about-eu/eu-history/index_pt.htm>. Acesso em: 20 mar. 2015a.

_____. *Conselho da União Europeia*. Disponível em: <http://europa.eu/about-eu/institutions-bodies/council-eu/index_pt.htm>. Acesso em: 20 mar. 2015b.

_____. *O euro*. Disponível em: <http://europa.eu/about-eu/basic-information/money/euro/index_pt.htm>. Acesso em: 20 mar. 2015c.

_____. *Os fundadores da UE*. Disponível em: <http://europa.eu/about-eu/eu-history/founding-fathers/index_pt.htm>. Acesso em: 20 mar. 2015d.

_____. *Os países da União Europeia*. Disponível em: <http://europa.eu/about-eu/countries/member-countries/index_pt.htm>. Acesso em: 20 mar. 2015e.

_____. *Parlamento Europeu*: organização e funcionamento. Disponível em: <http://www.europarl.europa.eu/aboutparliament/pt/displayFtu.html?ftuId=FTU_1.3.3.html>. Acesso em: 20 mar. 2015f.

_____. *Tratados da UE*. Disponível em: <http://europa.eu/eu-law/decision-making/treaties/index_pt.htm>. Acesso em: 20 mar. 2015g.

_____. *Tribunal de Justiça da União Europeia*. Disponível em: <http://europa.eu/about-eu/institutions-bodies/court-justice/index_pt.htm>. Acesso em: 20 mar. 2015h.

VEIGA, P. da M. *Brazil and the G20 Group of Developing Countries*. Disponível em: <https://www.wto.org/english/res_e/booksp_e/casestudies_e/case7_e.htm> Acesso em: 20 mar. 2015.

WOLFFENBÜTTEL, A. A. União aduaneira. *Desafios do Desenvolvimento*, v. 4, n. 32, 7 mar. 2007. Disponível em: <http://desafios.ipea.gov.br/index.php?option=com_content&view=article&id=2130:catid=28&Itemid=23>. Acesso em: 10 abr. 2015.

Anexo 1 – Tratado de Assunção*

Tratado para a constituição de um mercado comum entre a República Argentina, a República Federativa do Brasil, a República do Paraguai e a República Oriental do Uruguai

A República Argentina, a República Federativa do Brasil, a República do Paraguai e a República Oriental do Uruguai, doravante denominados "Estados Partes";

CONSIDERANDO que a ampliação das atuais dimensões de seus mercados nacionais, através da integração, constitui condição fundamental para acelerar seus processos de desenvolvimento econômico com justiça social;

ENTENDENDO que esse objetivo deve ser alcançado mediante o aproveitamento mais eficaz dos recursos disponíveis, a preservação do meio ambiente, o melhoramento das interconexões físicas, a coordenação de políticas macroeconômicas da complementação dos diferentes setores da economia, com base nos princípios de gradualidade, flexibilidade e equilíbrio;

TENDO em conta a evolução dos acontecimentos internacionais, em especial a consolidação de grandes espaços econômicos, e a importância de lograr uma adequada inserção internacional para seus países;

---

* Disponível em: <http://www.sice.oas.org/Trade/MRCSRP/treatyasun_p.asp>.

EXPRESSANDO que este processo de integração constitui uma resposta adequada a tais acontecimentos;

CONSCIENTES de que o presente Tratado deve ser considerado como um novo avanço no esforço tendente ao desenvolvimento progressivo da integração da América Latina, conforme o objetivo do Tratado de Montevidéu de 1980;

CONVENCIDOS da necessidade de promover o desenvolvimento científico e tecnológico dos Estados Partes e de modernizar suas economias para ampliar a oferta e a qualidade dos bens de serviços disponíveis, a fim de melhorar as condições de vida de seus habitantes;

REAFIRMANDO sua vontade política de deixar estabelecidas as bases para uma união cada vez mais estreita entre seus povos, com a finalidade de alcançar os objetivos supramencionados;

ACORDAM:

CAPÍTULO I

Propósitos, Princípios e Instrumentos

Artigo 1

Os Estados Partes decidem constituir um Mercado Comum, que deverá estar estabelecido a 31 de dezembro de 1994, e que se denominará "Mercado Comum do Sul" (MERCOSUL).

Este Mercado Comum implica:

A livre circulação de bens, serviços e fatores produtivos entre os países, através, entre outros, da eliminação dos direitos alfandegários e restrições não tarifárias à circulação de mercadorias e de qualquer outra medida de efeito equivalente;

O estabelecimento de uma tarifa externa comum e a adoção de uma política comercial comum em relação a terceiros Estados ou agrupamentos de Estados e a coordenação de posições em foros econômico-comerciais regionais e internacionais;

A coordenação de políticas macroeconômicas e setoriais entre os Estados Partes – de comércio exterior, agrícola, industrial, fiscal, monetária, cambial e de capitais, de serviços, alfandegária, de transportes e comunicações e outras que se acordem –, a fim de assegurar condições adequadas de concorrência entre os Estados Partes; e

O compromisso dos Estados Partes de harmonizar suas legislações, nas áreas pertinentes, para lograr o fortalecimento do processo de integração.

Artigo 2

O Mercado Comum estará fundado na reciprocidade de direitos e obrigações entre os Estados Partes.

Artigo 3

Durante o período de transição, que se estenderá desde a entrada em vigor do presente Tratado até 31 de dezembro de 1994, e a fim de facilitar a constituição do Mercado Comum, os Estados Partes adotam um Regime Geral de Origem, um Sistema de Solução de Controvérsias e Cláusulas de Salvaguarda, que constam como Anexos II, III e IV ao presente Tratado.

Artigo 4

Nas relações com terceiros países, os Estados Partes assegurarão condições equitativas de comércio. Para tal fim, aplicarão suas legislações nacionais, para inibir importações cujos preços estejam influenciados por subsídios, dumping qualquer outra prática desleal. Paralelamente, os Estados Partes coordenarão suas respectivas políticas nacionais com o objetivo de elaborar normas comuns sobre concorrência comercial.

Artigo 5

Durante o período de transição, os principais instrumentos para a constituição do Mercado Comum são:
a) Um Programa de Liberação Comercial, que consistirá em redução tarifárias progressivas, lineares e automáticas, acompanhadas da eliminação de restrições não tarifárias ou medidas de efeito equivalente, assim como de outras restrições ao comércio entre os Estados Partes, para chegar a 31 de dezembro de 1994 com tarifa zero, sem barreiras não tarifárias sobre a totalidade do universo tarifário (Anexo I);
b) A coordenação de políticas macroeconômicas que se realizará gradualmente e de forma convergente com os programas de desgravação tarifária e eliminação de restrições não tarifárias, indicados na letra anterior;

c) Uma tarifa externa comum, que incentive a competitividade externa dos Estados Partes;

d) A adoção de acordos setoriais, com o fim de otimizar a utilização e mobilidade dos fatores de produção e alcançar escalas operativas eficientes.

Artigo 6

Os Estados Partes reconhecem diferenças pontuais de ritmo para a República do Paraguai e para a República Oriental do Uruguai, que constam no Programa de Liberação Comercial (Anexo I).

Artigo 7

Em matéria de impostos, taxas e outros gravames internos, os produtos originários do território de um Estado Parte gozarão, nos outros Estados Partes, do mesmo tratamento que se aplique ao produto nacional.

Artigo 8

Os Estados Partes se comprometem a preservar os compromissos assumidos até a data de celebração do presente Tratado, inclusive os Acordos firmados no âmbito da Associação Latino-Americana de Integração, e a coordenar suas posições nas negociações comerciais externas que empreendam durante o período de transição. Para tanto:

a) Evitarão afetar os interesses dos Estados Partes nas negociações comerciais que realizem entre si até 31 de dezembro de 1994;

b) Evitarão afetar os interesses dos demais Estados Partes ou os objetivos do Mercado Comum nos Acordos que celebrarem com outros países membros da Associação Latino-Americana de Integração durante o período de transição;

c) Realizarão consultas entre si sempre que negociem esquemas amplos de desgravação tarifárias, tendentes à formação de zonas de livre comércio com os demais países membros da Associação Latino-Americana de Integração;

d) Estenderão automaticamente aos demais Estados Partes qualquer vantagem, favor, franquia, imunidade ou privilégio que concedam a um produto originário de ou destinado a terceiros países não membros da Associação Latino-Americana de Integração.

CAPÍTULO II

Estrutura Orgânica

Artigo 9

A administração e execução do presente Tratado e dos Acordos específicos e decisões que se adotem no quadro jurídico que o mesmo estabelece durante o período de transição estarão a cargo dos seguintes órgãos:
 a) Conselho do Mercado Comum;
 b) Grupo do Mercado Comum.

Artigo 10

Conselho é o órgão superior do Mercado Comum, correspondendo-lhe a condução política do mesmo e a tomada de decisões para assegurar o cumprimento dos objetivos e prazos estabelecidos para a constituição definitiva do Mercado Comum.

Artigo 11

O Conselho estará integrado pelos Ministros de Relações Exteriores e os Ministros de Economia dos Estados Partes.

Reunir-se-á quantas vezes estime oportuno, e, pelo menos uma vez ao ano, o fará com a participação dos Presidentes dos Estados Partes.

Artigo 12

A Presidência do Conselho se exercerá por rotação dos Estados Partes e em ordem alfabética, por períodos de seis meses.

As reuniões do Conselho serão coordenadas pelos Ministérios de Relações Exteriores e poderão ser convidados a delas participar outros Ministros ou autoridades de nível Ministerial.

Artigo 13

O Grupo Mercado Comum é o órgão executivo do Mercado Comum e será coordenado pelos Ministérios das Relações Exteriores.

O Grupo Mercado Comum terá faculdade de iniciativa. Suas funções serão as seguintes:
 – velar pelo cumprimento do Tratado;
 – tomar as providências necessárias ao cumprimento das decisões adotadas pelo Conselho;

– propor medidas concretas tendentes à aplicação do Programa de Liberação Comercial, à coordenação de política macroeconômica e à negociação de Acordos frente a terceiros;

– fixar programas de trabalho que assegurem avanços para o estabelecimento do Mercado Comum.

O Grupo Mercado Comum poderá constituir os Subgrupos de Trabalho que forem necessários para o cumprimento de seus objetivos. Contará inicialmente com os Subgrupos mencionados no Anexo V.

O Grupo Mercado Comum estabelecerá seu regime interno no prazo de 60 dias de sua instalação.

Artigo 14

O Grupo Mercado Comum estará integrado por quatro membros titulares e quatro membros alternos por país, que representem os seguintes órgãos públicos:
- Ministério das Relações Exteriores;
- Ministério da Economia ou seus equivalentes (áreas de indústria, comércio exterior e/ou coordenação econômica);
- Banco Central.

Ao elaborar e propor medidas concretas no desenvolvimento de seus trabalhos, até 31 de dezembro de 1994, o Grupo Mercado Comum poderá convocar, quando julgar conveniente, representantes de outros órgãos da Administração Pública e do setor privado.

Artigo 15

O Grupo Mercado Comum contará com uma Secretaria Administrativa cujas principais funções consistirão na guarda de documentos e comunicações de atividades do mesmo. Terá sua sede na cidade de Montevidéu.

Artigo 16

Durante o período de transição, as decisões do Conselho do Mercado Comum e do Grupo Mercado Comum serão tomadas por consenso e com a presença de todos os Estados Partes.

Artigo 17

Os idiomas oficiais do Mercado Comum serão o português e o espanhol e a versão oficial dos documentos de trabalho será a do idioma do país sede de cada reunião.

Artigo 18

Antes do estabelecimento do Mercado Comum, a 31 de dezembro de 1994, os Estados Partes convocarão uma reunião extraordinária com o objetivo de determinar a estrutura institucional definitiva dos órgãos de administração do Mercado Comum, assim como as atribuições específicas de cada um deles e seu sistema de tomada de decisões.

CAPÍTULO III

Vigência

Artigo 19

O presente Tratado terá duração indefinida e entrará em vigor 30 dias após a data do depósito do terceiro instrumento de ratificação. Os instrumentos de ratificação serão depositados ante o Governo da República do Paraguai, que comunicará a data do depósito aos Governos dos demais Estados Partes.

O Governo da República do Paraguai notificará ao Governo de cada um dos demais Estados Partes a data de entrada em vigor do presente Tratado.

CAPÍTULO IV

Adesão

Artigo 20

O presente Tratado estará aberto à adesão, mediante negociação, dos demais países membros da Associação Latino-Americana de Integração, cujas solicitações poderão ser examinadas pelos Estados Partes depois de cinco anos de vigência deste Tratado.

Não obstante, poderão ser consideradas antes do referido prazo as solicitações apresentadas por países membros da Associação Latino-Americana de Integração que não façam parte de esquemas de integração subregional ou de uma associação extrarregional.

A aprovação das solicitações será objeto de decisão unânime dos Estados Partes.

CAPÍTULO V

Denúncia

Artigo 21

O Estado Parte que desejar desvincular-se do presente Tratado deverá comunicar essa intenção aos demais Estados Partes de maneira expressa e formal, efetuando no prazo de sessenta (60) dias a entrega do documento de denúncia ao Ministério das Relações Exteriores da República do Paraguai, que o distribuirá aos demais Estados Partes.

Artigo 22

Formalizada a denúncia, cessarão para o Estado denunciante os direitos e obrigações que correspondam a sua condição de Estado Parte, mantendo-se os referentes ao programa de liberação do presente Tratado e outros aspectos que os Estados Partes, juntos com o Estado denunciante, acordem no prazo de sessenta (60) dias após a formalização da denúncia. Esses direitos e obrigações do Estado denunciante continuarão em vigor por um período de dois (2) anos a partir da data da mencionada formalização.

CAPÍTULO VI

Disposições Gerais

Artigo 23

O presente Tratado se chamará "Tratado de Assunção".

Artigo 24

Com o objetivo de facilitar a implementação do Mercado Comum, estabelecer-se-á Comissão Parlamentar Conjunta do MERCOSUL. Os Poderes Executivos dos Estados Partes manterão seus respectivos Poderes Legislativos informados sobre a evolução do Mercado Comum objeto do presente Tratado.

Feito na cidade de Assunção, aos 26 dias do mês março de mil novecentos e noventa e um, em um original, nos idiomas português e espanhol, sendo ambos os textos igualmente autênticos. O Governo da República do Paraguai será o depositário do presente Tratado e enviará cópia devidamente autenticada do mesmo aos Governos dos demais Estados Partes signatários e aderentes.

Pelo Governo da República Argentina
CARLOS SAUL MENEM
GUIDO DI TELLA

Pelo Governo da República Federativa do Brasil
FERNANDO COLLOR
FRANCISCO REZEK

Pelo Governo da República do Paraguai
ANDRES RODRIGUES
ALEXIS FRUTOS VAESKEN

Pelo Governo da República Oriental do Uruguai
LUIS ALBERTO LACALLE HERRERA
HECTOR GROS ESPIELL

Anexo 2 – Protocolo de Ouro Preto[*]

Protocolo Adicional ao Tratado de Assunção sobre a Estrutura Institucional do Mercosul

Protocolo de Ouro Preto

A República Argentina, a República Federativa do Brasil, a República do Paraguai e a República Oriental do Uruguai, doravante denominadas "Estados Partes";

Em cumprimento ao disposto no artigo 18 do Tratado de Assunção, de 26 de março de 1991;

Conscientes da importância dos avanços alcançados e da implementação da união aduaneira como etapa para a construção do mercado comum;

Reafirmando os princípios e objetivos do Tratado de Assunção e atentos para a necessidade de uma consideração especial para países e regiões menos desenvolvidos do Mercosul;

---

[*] Disponível em: <http://www.sice.oas.org/trade/mrcsrp/ourop/ouropinp.asp>.

Atentos para a dinâmica implícita em todo processo de integração e para a consequente necessidade de adaptar a estrutura institucional do Mercosul às mudanças ocorridas;

Reconhecendo o destacado trabalho desenvolvido pelos órgãos existentes durante o período de transição,

Acordam:

CAPÍTULO I

Estrutura do Mercosul

Artigo 1

A estrutura institucional do Mercosul contará com os seguintes órgãos:
I. O Conselho do Mercado comum (CMC);
II. O Grupo Mercado Comum (GMC);
III. A Comissão de Comércio do Mercosul (CCM);
IV. A Comissão Parlamentar Conjunta (CPC);
V. O Foro Consultivo Econômico-Social (FCES);
VI. A Secretaria Administrativa do Mercosul (SAM).

Parágrafo único – Poderão ser criados, nos termos do presente Protocolo, os órgãos auxiliares que se fizerem necessários à consecução dos objetivos do processo de integração.

Artigo 2

São órgãos com capacidade decisória, de natureza intergovernamental, o Conselho do Mercado Comum, o Grupo Mercado Comum e a Comissão de Comércio do Mercosul.

SEÇÃO I

Do Conselho do Mercado Comum

Artigo 3

O Conselho do Mercado Comum é o órgão superior do Mercosul ao qual incumbe a condução política do processo de integração e a tomada de decisões para assegurar o cumprimento dos objetivos estabelecidos pelo Tratado de Assunção e para lograr a constituição final do mercado comum.

Artigo 4

O Conselho do Mercado Comum será integrado pelos Ministros das Relações Exteriores e pelos Ministros da Economia, ou seus equivalentes, dos Estados Partes.

Artigo 5

A Presidência do Conselho do Mercado Comum será exercida por rotação dos Estados Partes, em ordem alfabética, pelo período de seis meses.

Artigo 6

O Conselho do Mercado Comum reunir-se-á quantas vezes estime oportuno, devendo fazê-lo pelo menos uma vez por semestre com a participação dos Presidentes dos Estados Partes.

Artigo 7

As reuniões do Conselho do Mercado Comum serão coordenadas pelos Ministérios das Relações Exteriores e poderão ser convidados a delas participar outros Ministros ou autoridades de nível ministerial.

Artigo 8

São funções e atribuições do Conselho do Mercado Comum:

I. Velar pelo cumprimento do Tratado de Assunção, de seus Protocolos e dos acordos firmados em seu âmbito;

II. Formular políticas e promover as ações necessárias à conformação do mercado comum;

III. Exercer a titularidade da personalidade jurídica do Mercosul;

IV. Negociar e firmar acordos em nome do Mercosul com terceiros países, grupos de países e organizações internacionais. Estas funções podem ser delegadas ao Grupo Mercado Comum por mandato expresso, nas condições estipuladas no inciso VII do artigo 14;

V. Manifestar-se sobre as propostas que lhe sejam elevadas pelo Grupo Mercado Comum;

VI. Criar reuniões de ministros e pronunciar-se sobre os acordos que lhe sejam remetidos pela mesmas;

VII. Criar os órgãos que estime pertinentes, assim como modificá-los ou extingui-los;

VIII. Esclarecer, quando estime necessário, o conteúdo e o alcance de suas Decisões;

IX. Designar o Diretor da Secretaria Administrativa do Mercosul;

X. Adotar Decisões em matéria financeira e orçamentária;

XI. Homologar o Regimento Interno do Grupo Mercado Comum.

Artigo 9

O Conselho do Mercado Comum manifestar-se-á mediante Decisões, as quais serão obrigatórias para os Estados Partes.

SEÇÃO II

Do Grupo Mercado Comum

Artigo 10

O Grupo Mercado Comum é o órgão executivo do Mercosul.

Artigo 11

O Grupo Mercado Comum será integrado por quatro membros titulares e quatro membros alternos por país, designados pelos respectivos Governos, dentre os quais devem constar necessariamente representantes dos Ministérios das Relações Exteriores, dos Ministérios da Economia (ou equivalentes) e dos Bancos Centrais. O Grupo Mercado comum será coordenado pelos Ministérios das Relações Exteriores.

Artigo 12

Ao elaborar e propor medidas concretas no desenvolvimento de seus trabalhos, o Grupo Mercado Comum poderá convocar, quando julgar conveniente, representantes de outros órgãos da Administração Pública ou da estrutura institucional do Mercosul.

Artigo 13

O Grupo Mercado Comum reunir-se-á de forma ordinária ou extraordinária, quantas vezes se fizerem necessárias, nas condições estipuladas por seu Regimento Interno.

Artigo 14

São funções e atribuições do Grupo Mercado Comum:

I. Velar, nos limites de suas competências, pelo cumprimento do Tratado de Assunção, de seus Protocolos e dos Acordos firmados em seu âmbito;

II. Propor projetos de Decisão ao Conselho do Mercado Comum;

III. Tomar as medidas necessárias ao cumprimento das Decisões adotadas pelo Conselho do Mercado Comum;

IV. Fixar programas de trabalho que assegurem avanços para o estabelecimento do mercado comum;

V. Criar, modificar ou extinguir órgãos tais como subgrupos de trabalho e reuniões especializadas, para o cumprimento de seus objetivos;

VI. Manifestar-se sobre as propostas ou recomendações que lhe forem submetidas pelos demais órgãos do Mercosul no âmbito de suas competências;

VII. Negociar, com a participação de representantes de todos os Estados Partes, por delegação expressa do Conselho do Mercado Comum e dentro dos limites estabelecidos em mandatos específicos concedidos para este fim, acordos em nome do Mercosul com terceiros países, grupos de países e organismos internacionais. O Grupo Mercado Comum, quando dispuser de mandato para tal fim, procederá à assinatura dos mencionados acordos. O Grupo Mercado Comum, quando autorizado pelo Conselho do Mercado Comum, poderá delegar os referidos poderes à Comissão de Comércio do Mercosul;

VIII. Aprovar o orçamento e a prestação de contas anual apresentada pela Secretaria Administrativa do Mercosul;

IX. Adotar resoluções em matéria financeira e orçamentária, com base nas orientação emanadas do Conselho do Mercado Comum;

X. Submeter ao Conselho do Mercado Comum seu Regimento Interno;

XI. Organizar as reuniões do Conselho do Mercado Comum e preparar os relatórios e estudos que este lhe solicitar;

XII. Eleger o Diretor da Secretaria Administrativa do Mercosul;

XIII. Supervisionar as atividades da Secretaria Administrativa do Mercosul;

XIV. Homologar os Regimentos Internos da Comissão de Comércio e do Foro Consultivo Econômico-Social.

Artigo 15

O Grupo Mercado Comum manifestar-se-á mediante Resoluções, as quais serão obrigatórias para os Estados Partes.

SEÇÃO III

Da Comissão de Comércio do Mercosul

Artigo 16

À Comissão de Comércio do Mercosul, órgão encarregado de assistir o Grupo Mercado Comum, compete velar pela aplicação dos instrumentos de política comercial comum acordados pelos Estados Partes para o funcionamento da união aduaneira, bem como acompanhar e revisar os temas e matérias relacionados com as políticas comerciais comuns, com o comércio infraMercosul e com terceiros países.

Artigo 17

A Comissão de Comércio do Mercosul será integrada por quatro membros titulares e quatro membros alternos por Estado Parte e será coordenada pelos Ministérios das Relações Exteriores.

Artigo 18

A Comissão de Comércio do Mercosul reunir-se-á pelo menos uma vez por mês ou sempre que solicitado pelo Grupo Mercado Comum ou por qualquer dos Estados Partes.

Artigo 19

São funções e atribuições da Comissão de Comércio do Mercosul:

I. Velar pela aplicação dos instrumentos comuns de política comercial infra-Mercosul e com terceiros países, organizações intencionais e acordos de comércio;

II. Considerar e pronunciar-se sobre as solicitações apresentadas pelos Estados Partes com respeito à aplicação e ao cumprimento da tarifa externa comum e dos demais instrumentos de política comercial comum;

III. Acompanhar a aplicação dos instrumentos de política comercial comum nos Estados Partes;

IV. Analisar a evolução dos instrumentos de política comercial comum para o funcionamento da união aduaneira e formular propostas a respeito ao Grupo Mercado Comum;

V. Tomar as decisões vinculadas à administração e à aplicação de tarifa externa comum e dos instrumentos de política comercial comum acordados pelos Estados Partes;

VI. Informar ao Grupo Mercado Comum sobre a evolução e a aplicação dos instrumentos de política comercial comum, sobre o trâmite das solicitações recebidas e sobre as decisões adotadas a respeito delas;

VII. Propor ao Grupo Mercado Comum novas normas ou modificações às normas existentes referentes à matéria comercial e aduaneira do Mercosul;

VIII. Propor a revisão das alíquotas tarifárias de itens específicos da tarifa comum, inclusive para contemplar casos referentes a novas atividades produtivas no âmbito do Mercosul;

IX. Estabelecer os comitês técnicos necessários ao adequado cumprimento de suas funções, bem como dirigir e supervisionar as atividades dos mesmos;

X. Desempenhar as tarefas vinculadas à política comercial comum que lhe solicite o Grupo Mercado Comum;

XI. Adotar o Regimento Interno, que submeterá ao Grupo Mercado Comum para sua homologação.

Artigo 20

A Comissão de Comércio do Mercosul manifestar-se-á mediante Diretrizes ou Propostas. As Diretrizes serão obrigatórias para os Estados Partes.

Artigo 21

Além das funções e atribuições estabelecidas nos artigos 16 e 19 do presente Protocolo, caberá à Comissão de Comércio do Mercosul considerar reclamações apresentadas pelas Seções Nacionais da Comissão de Comércio do Mercosul, originadas pelos Estados Partes ou demandas de particulares – pessoas físicas ou jurídicas –, relacionadas com as situações previstas nos artigos 1 ou 25 do Protocolo de Brasília, quando estiverem em sua área de competência.

Parágrafo primeiro – O exame das referidas reclamações no âmbito da Comissão de Comércio do Mercosul não obstará a ação do Estado Parte que efetuou a reclamação ao amparo do Protocolo de Brasília para Solução de Controvérsias.

Parágrafo segundo – As reclamações originadas nos casos estabelecidos no presente artigo obedecerão o procedimento previsto no Anexo deste Protocolo.

SEÇÃO IV

Da Comissão Parlamentar Conjunta

Artigo 22

A Comissão Parlamentar Conjunta é o órgão representativo dos Parlamentos dos Estados Partes no âmbito do Mercosul.

Artigo 23

A Comissão Parlamentar Conjunta será integrada por igual número de parlamentares representantes dos Estados Partes.

Artigo 24

Os integrantes da Comissão Parlamentar Conjunta serão designados pelos respectivos Parlamentares nacionais, de acordo com seus procedimentos internos.

Artigo 25

A Comissão Parlamentar Conjunta procurará acelerar os procedimentos internos correspondentes nos Estados Partes para a pronta entrada em vigor das normas emanadas dos órgãos do Mercosul previstos no Artigo 2 deste Protocolo. Da mesma forma, coadjuvará na harmonização de legislações, tal como requerido pelo avanço do processo de integração. Quando necessário, o Conselho do Mercado Comum solicitará à Comissão Parlamentar Conjunta o exame de temas prioritários.

Artigo 26

A Comissão Parlamentar Conjunta encaminhará, por intermédio do Grupo Mercado Comum, Recomendações ao Conselho do Mercado Comum.

Artigo 27

A Comissão Parlamentar Conjunta adotará o seu Regimento Interno.

SEÇÃO V

Do Foro Consultivo Econômico-Social

Artigo 28

O Foro Consultivo Econômico-Social é o órgão de representação dos setores econômicos e sociais e será integrado por igual número de representantes da cada Estado Parte.

Artigo 29

O Foro Consultivo Econômico-Social terá função consultiva e manifestar-se-á mediante recomendações no Grupo Mercado Comum.

Artigo 30

O Foro Consultivo Econômico-Social submeterá seu Regimento Interno ao Grupo Mercado Comum, para homologação.

SEÇÃO VI

Da Secretaria Administrativa do Mercosul

Artigo 31

O Mercosul contará com uma Secretaria Administrativa como órgão de apoio operacional. A Secretaria Administrativa do Mercosul será responsável pela prestação de serviços aos demais órgãos do Mercosul e terá sede permanente na cidade de Montevidéu.

Artigo 32

A Secretaria Administrativa do Mercosul desempenhará as seguintes atividades:
  I. Servir como arquivo oficial da documentação do Mercosul;
  II. Realizar a publicação e a difusão das decisões adotadas no âmbito do Mercosul. Nesse contexto, lhe corresponderá:
    i) Realizar, em coordenação com os Estados Partes, as traduções autênticas para os idiomas espanhol e português de todas as decisões adotadas pelos órgãos da estrutura institucional do Mercosul, conforme previsto no Artigo 39;
    ii) Editar o Boletim Oficial do Mercosul.
  III. Organizar os aspectos logísticos das reuniões do Conselho do Mercosul Comum, do Grupo Mercado Comum e da Comissão de Comércio do Mercosul

e, dentro de suas possibilidades, dos demais órgãos do Mercosul, quando as mesmas forem realizadas em sua sede permanente. No que se refere às reuniões realizadas fora de sua sede permanente, a Secretaria Administrativa do Mercosul fornecerá apoio ao Estado que sediar o evento;

IV. Informar regularmente os Estados Partes sobre as medidas implementadas por cada país para incorporar em seu ordenamento jurídico as normas emanadas dos órgãos do Mercosul previstos no Artigo 2 deste Protocolo;

V. Registar as listas nacionais dos árbitros e especialistas, bem como desempenhar outras tarefas determinadas pelo Protocolo de Brasília, de 17 de dezembro de 1991;

VI. Desempenhar as tarefas que lhe sejam solicitadas pelo Conselho do Mercado Comum, pelo Grupo Mercado Comum e pela Comissão do Comércio do Mercosul;

VII. Elaborar seu projeto de orçamento e, uma vez aprovado pelo Grupo Mercado Comum, praticar todos os atos necessários à sua correta execução;

VIII. Apresentar anualmente ao Grupo Mercado Comum a sua prestação de contas, bem como relatórios sobre suas atividades.

Artigo 33

A Secretaria Administrativa do Mercosul estará a cargo de um Diretor, o qual será nacional de um dos Estados Partes. Será eleito pelo Grupo Mercado Comum, em bases rotativas, prévia consulta aos Estados Partes, e designado pelo Conselho do Mercado Comum. Terá mandato de dois anos, vedada a reeleição.

CAPÍTULO II

Personalidade Jurídica

Artigo 34

O Mercosul terá personalidade jurídica de Direito Internacional.

Artigo 35

O Mercosul poderá, no uso de suas atribuições, praticar todos os atos necessários à realização de seus objetivos, em especial contratar, adquirir ou alienar bens móveis e imóveis, comparecer em juízo, conservar fundos e fazer transferências.

Artigo 36

O Mercosul celebrará acordos de sede.

CAPÍTULO III

Sistema de Tomada de Decisões

Artigo 37

As decisões dos órgãos do Mercosul serão tomadas por consenso e com a presença de todos os Estados Partes.

CAPÍTULO IV

Aplicação Interna das Normas Emanadas dos Órgãos do Mercosul

Artigo 38

Os Estados Partes comprometem-se a adotar todas as medidas necessárias para assegurar, em seus respectivos territórios, o cumprimento das normas emanadas dos órgãos do Mercosul previstos no artigo 2 deste Protocolo.

Parágrafo único – Os Estados Partes informarão à Secretaria Administrativa do Mercosul as medidas adotadas para esse fim.

Artigo 39

Serão publicados no Boletim Oficial do Mercosul, em sua íntegra, nos idiomas espanhol e português, o teor das Decisões do Conselho do Mercado Comum, das Diretrizes da Comissão de Comércio do Mercosul e dos Laudos Arbitrais de solução de controvérsias, bem como de quaisquer atos aos quais o Conselho do Mercado Comum ou o Grupo Mercado Comum entendam necessário atribuir publicidade oficial.

Artigo 40

A fim de garantir a vigência simultânea nos Estados Partes das normas emanadas dos órgãos do Mercosul previstos no Artigo 2 deste Protocolo, deverá ser observado o seguinte procedimento:

    i) Uma vez aprovada a norma, os Estados Partes adotarão as medidas necessárias para a sua incorporação ao ordenamento jurídico nacional e comunicarão as mesmas à Secretaria Administrativa do Mercosul;

ii) Quando todos os Estados Partes tiverem informado sua incorporação aos respectivos ordenamentos jurídicos internos, a Secretaria Administrativa do Mercosul comunicará o fato a cada Estado Parte;

iii) As normas entrarão em vigor simultaneamente nos Estados Partes 30 dias após a data da comunicação efetuada pela Secretaria Administrativa do Mercosul, nos termos do item anterior. Com esse objetivo, os Estados Partes, dentro do prazo acima, darão publicidade do início da vigência das referidas normas por intermédio de seus respectivos diários oficiais.

CAPÍTULO V

Fontes Jurídicas do Mercosul

Artigo 41

As fontes jurídicas do Mercosul são:

I. O Tratado de Assunção, seus protocolos e os instrumentos adicionais ou complementares;

II. Os acordos celebrados no âmbito do Tratado de Assunção e seus protocolos;

III. As Decisões do Conselho do Mercado Comum, as Resoluções do Grupo Mercado Comum e as Diretrizes da Comissão do Mercosul, adotadas desde a entrada em vigor do Tratado de Assunção.

Artigo 42

As normas emanadas dos órgãos do Mercosul previstos no Artigo 2 deste Protocolo terão caráter obrigatório e deverão, quando necessário, ser incorporadas aos ordenamentos jurídicos nacionais mediante os procedimentos previstos pela legislação de cada país.

CAPÍTULO VI

Sistema de Solução de Controvérsias

Artigo 43

As controvérsias que surgirem entre os Estados Partes sobre a interpretação, a aplicação ou o não cumprimento das disposições contidas no Tratado de Assunção, dos acordos celebrados no âmbito do mesmo, bem como das Decisões do Conselho do Mercado Comum, das Resoluções do Grupo Mercado Comum e das Diretrizes da

Comissão de Comércio do Mercosul, serão submetidas aos procedimentos de solução estabelecidos no Protocolo de Brasília, de 17 de dezembro de 1991.

Parágrafo único – Ficam também incorporadas aos Artigos 19 e 25 do Protocolo de Brasília as Diretrizes da Comissão de Comércio do Mercosul.

Artigo 44

Antes de culminar o processo de convergência da tarifa exterma comum, os Estados Partes efetuarão uma revisão do atual sistema de solução de controvérsias do Mercosul, com vistas à adoção do sistema permanente a que se refere o item 3 do Anexo III do Tratado de Assunção e o artigo 34 do Protocolo de Brasília.

CAPÍTULO VII

Orçamento

Artigo 45

A Secretaria Administrativa do Mercosul contará com orçamento para cobrir seus gastos de funcionamento e aqueles que determine o Grupo Mercado Comum. Tal orçamento será financiado, em partes iguais, por contribuições dos Estados Partes.

CAPÍTULO VIII

Idiomas

Artigos 46

Os idiomas oficiais do Mercosul são o espanhol e o português. A versão oficial dos documentos de trabalho será a do idioma do país sede de cada reunião.

CAPÍTULO IX

Revisão

Artigo 47

Os Estados Partes convocarão, quando julgarem oportuno, conferência diplomática com o objetivo de revisar a estrutura institucional do Mercosul estabelecida pelo presente Protocolo, assim como as atribuições específicas de cada um de seus órgãos.

CAPÍTULO X

Vigência

Artigo 48

O presente Protocolo, parte integrante do Tratado de Assunção, terá duração indefinida e entrará em vigor 30 dias após a data do depósito do terceiro instrumento de ratificação. O presente Protocolo e seus instrumentos de ratificação serão depositados ante o Governo da República do Paraguai.

Artigo 49

O Governo da República do Paraguai notificará aos Governos dos demais Estados Partes a data do depósito dos instrumentos de ratificação e da entrada em vigor do presente Protocolo.

Artigo 50

Em matéria de adesão ou denúncia, regerão como um todo, para o presente Protocolo, as normas estabelecidas pelo Tratado de Assunção. A adesão ou denúncia ao Tratado ou ao presente Protocolo significam, *ipso iure*, a adesão ou denúncia ao presente Protocolo e ao Tratado de Assunção.

CAPÍTULO XI

Disposição Transitória

Artigo 51

A estrutura institucional prevista no Tratado de Assunção, de 26 de março de 1991, assim como seus órgãos, será mantida até a data de entrada em vigor do presente Protocolo.

CAPÍTULO XII

Disposições Gerais

Artigo 52

O presente Protocolo chamar-se-á "Protocolo de Ouro Preto".

Artigo 53

Ficam revogadas todas as disposições do Tratado de Assunção, de 26 de março de 1991, que conflitem com os termos do presente Protocolo e com o teor das Decisões aprovadas pelo Conselho do Mercado Comum, durante o período de transição.

Feito na cidade de Ouro Preto, República Federativa do Brasil, aos dezessete dias do mês de dezembro de mil novecentos e noventa e quatro, em um original, nos idiomas português e espanhol, sendo ambos os textos igualmente autênticos. O Governo da República do Paraguai enviará cópia devidamente autenticada do presente Protocolo aos Governos dos demais Estados Partes.

Anexo 3 – Protocolo de Olivos[*]

DECRETO N. 4.982, DE 9 DE FEVEREIRO DE 2004. Promulga o Protocolo de Olivos para a Solução de Controvérsias no Mercosul.

O PRESIDENTE DA REPÚBLICA, no uso da atribuição que lhe confere o art. 84, inciso IV, da Constituição, e

Considerando que o Congresso Nacional aprovou, por meio do Decreto Legislativo n. 712, de 14 de outubro de 2003, o texto do Protocolo de Olivos para a Solução de Controvérsias no Mercosul, concluído em Olivos, Argentina, em 18 de fevereiro de 2002;

Considerando que o Governo brasileiro depositou o instrumento de ratificação, em 2 de dezembro de 2003;

Considerando que o Protocolo entrou em vigor internacional, e para o Brasil, em 1º de janeiro de 2004;

---

[*] Disponível em: <http://www.planalto.gov.br/ccivil_03/_ato2004-2006/2004/decreto/d4982.htm>.

DECRETA:

Art. 1º O Protocolo de Olivos para a Solução de Controvérsias no Mercosul, concluído em Olivos, Argentina, em 18 de fevereiro de 2002, apenso por cópia ao presente Decreto, será executado e cumprido tão inteiramente como nele se contém.

Art 2º São sujeitos à aprovação do Congresso Nacional quaisquer atos que possam resultar em revisão do referido Protocolo ou que acarretem encargos ou compromissos gravosos ao patrimônio nacional, nos termos do art. 49, inciso I, da Constituição.

Art 3º Este Decreto entra em vigor na data de sua publicação.

Brasília, 9 de fevereiro de 2004; 183º da Independência e 116º da República.

LUIZ INÁCIO LULA DA SILVA

Celso Luiz Nunes Amorim

Este texto não substitui o publicado no D.O.U. de 10.2.2004

Protocolo de Olivos para a Solução de Controvérsias no Mercosul

A República Argentina, a República Federativa do Brasil, a República do Paraguai e a República Oriental do Uruguai, doravante denominados "Estados Partes";

Tendo em conta

O Tratado de Assunção, o Protocolo de Brasília e o Protocolo de Ouro Preto;

Reconhecendo

Que a evolução do processo de integração no âmbito do MERCOSUL requer o aperfeiçoamento do sistema de solução de controvérsias;

Considerando

A necessidade de garantir a correta interpretação, aplicação e cumprimento dos instrumentos fundamentais do processo de integração e do conjunto normativo do MERCOSUL, de forma consistente e sistemática;

Convencidos

Da conveniência de efetuar modificações específicas no sistema de solução de controvérsias de maneira a consolidar a segurança jurídica no âmbito do MERCOSUL;

Acordaram o seguinte:

CAPÍTULO I

Controvérsias entre Estados Partes

Artigo 1

Âmbito de Aplicação

1. As controvérsias que surjam entre os Estados Partes sobre a interpretação, a aplicação ou o não cumprimento do Tratado de Assunção, do Protocolo de Ouro Preto, dos protocolos e acordos celebrados no marco do Tratado de Assunção, das Decisões do Conselho do Mercado Comum, das Resoluções do Grupo Mercado Comum e das Diretrizes da Comissão de Comércio do MERCOSUL serão submetidas aos procedimentos estabelecidos no presente Protocolo.

2. As controvérsias compreendidas no âmbito de aplicação do presente Protocolo que possam também ser submetidas ao sistema de solução de controvérsias da Organização Mundial do Comércio ou de outros esquemas preferenciais de comércio de que sejam parte individualmente os Estados Partes do MERCOSUL poderão submeter-se a um ou outro foro, à escolha da parte demandante. Sem prejuízo disso, as partes na controvérsia poderão, de comum acordo, definir o foro.

Uma vez iniciado um procedimento de solução de controvérsias de acordo com o parágrafo anterior, nenhuma das partes poderá recorrer a mecanismos de solução de controvérsias estabelecidos nos outros foros com relação a um mesmo objeto, definido nos termos do artigo 14 deste Protocolo.

Não obstante, no marco do estabelecido neste numeral, o Conselho do Mercado Comum regulamentará os aspectos relativos à opção de foro.

CAPÍTULO II

Mecanismos Relativos a Aspectos Técnicos

Artigo 2

Estabelecimento dos Mecanismos

1. Quando se considere necessário, poderão ser estabelecidos mecanismos expeditos para resolver divergências entre Estados Partes sobre aspectos técnicos regulados em instrumentos de políticas comerciais comuns.

2. As regras de funcionamento, o alcance desses mecanismos e a natureza dos pronunciamentos a serem emitidos nos mesmos serão definidos e aprovados por Decisão do Conselho do Mercado Comum.

CAPÍTULO III

Opiniões Consultivas

Artigo 3

Regime de Solicitação

O Conselho do Mercado Comum poderá estabelecer mecanismos relativos à solicitação de opiniões consultivas ao Tribunal Permanente de Revisão definindo seu alcance e seus procedimentos.

CAPÍTULO IV

Negociações Diretas

Artigo 4

Negociações

Os Estados Partes numa controvérsia procurarão resolvê-la, antes de tudo, mediante negociações diretas.

Artigo 5

Procedimento e Prazo

1. As negociações diretas não poderão, salvo acordo entre as partes na controvérsia, exceder um prazo de quinze (15) dias a partir da data em que uma delas comunicou à outra a decisão de iniciar a controvérsia.

2. Os Estados partes em uma controvérsia informarão ao Grupo Mercado Comum, por intermédio da Secretaria Administrativa do MERCOSUL, sobre as gestões que se realizarem durante as negociações e os resultados das mesmas.

CAPÍTULO V

Intervenção do Grupo Mercado Comum

Artigo 6

Procedimento Opcional ante o GMC

1. Se mediante as negociações diretas não se alcançar um acordo ou se a controvérsia for solucionada apenas parcialmente, qualquer dos Estados partes na controvérsia poderá iniciar diretamente o procedimento arbitral previsto no Capítulo VI.

2. Sem prejuízo do estabelecido no numeral anterior, os Estados partes na controvérsia poderão, de comum acordo, submetê-la à consideração do Grupo Mercado Comum.

i) Nesse caso, o Grupo Mercado Comum avaliará a situação, dando oportunidade às partes na controvérsia para que exponham suas respectivas posições, requerendo, quando considere necessário, o assessoramento de especialistas selecionados da lista referida no artigo 43 do presente Protocolo.

ii) Os gastos relativos a esse assessoramento serão custeados em montantes iguais pelos Estados partes na controvérsia ou na proporção que determine o Grupo Mercado Comum.

3. A controvérsia também poderá ser levada à consideração do Grupo Mercado Comum se outro Estado, que não seja parte na controvérsia, solicitar, justificadamente, tal procedimento ao término das negociações diretas. Nesse caso, o procedimento arbitral iniciado pelo Estado Parte demandante não será interrompido, salvo acordo entre os Estados partes na controvérsia.

Artigo 7

Atribuições do GMC

1. Se a controvérsia for submetida ao Grupo Mercado Comum pelos Estados partes na controvérsia, este formulará recomendações que, se possível, deverão ser expressas e detalhadas, visando à solução da divergência.

2. Se a controvérsia for levada à consideração do Grupo Mercado Comum a pedido de um Estado que dela não é parte, o Grupo Mercado Comum poderá formular comentários ou recomendações a respeito.

Artigo 8

Prazo para Intervenção e Pronunciamento do GMC

O procedimento descrito no presente Capítulo não poderá estender-se por um prazo superior a trinta (30), dias a partir da data da reunião em que a controvérsia foi submetida à consideração do Grupo Mercado Comum.

CAPÍTULO VI

Procedimento Arbitral *Ad Hoc*

Artigo 9

Início da Etapa Arbitral

1. Quando não tiver sido possível solucionar a controvérsia mediante a aplicação dos procedimentos referidos nos Capítulos IV e V, qualquer dos Estados partes na controvérsia poderá comunicar à Secretaria Administrativa do MERCOSUL sua decisão de recorrer ao procedimento arbitral estabelecido no presente Capítulo.

2. A Secretaria Administrativa do MERCOSUL notificará, de imediato, a comunicação ao outro ou aos outros Estados envolvidos na controvérsia e ao Grupo Mercado Comum.

3. A Secretaria Administrativa do MERCOSUL se encarregará das gestões administrativas que lhe sejam requeridas para a tramitação dos procedimentos.

Artigo 10

Composição do Tribunal Arbitral Ad Hoc

1. O procedimento arbitral tramitará ante um Tribunal Ad Hoc composto de três (3) árbitros.

Os árbitros serão designados da seguinte maneira:

i) Cada Estado parte na controvérsia designará um (1) árbitro titular da lista prevista no artigo 11.1, no prazo de quinze (15) dias, contado a partir da data em que a Secretaria Administrativa do MERCOSUL tenha comunicado aos Estados partes na controvérsia a decisão de um deles de recorrer à arbitragem.

Simultaneamente, designará da mesma lista, um (1) árbitro suplente para substituir o árbitro titular em caso de incapacidade ou escusa deste em qualquer etapa do procedimento arbitral.

ii) Se um dos Estados partes na controvérsia não tiver nomeado seus árbitros no prazo indicado no numeral 2 (i), eles serão designados por sorteio pela Secretaria Administrativa do MERCOSUL em um prazo de dois (2) dias, contado a partir do vencimento daquele prazo, dentre os árbitros desse Estado da lista prevista no artigo 11.1.

3. O árbitro Presidente será designado da seguinte forma:

i) Os Estados partes na controvérsia designarão, de comum acordo, o terceiro árbitro, que presidirá o Tribunal Arbitral Ad Hoc, da lista prevista no artigo 11.2 (iii), em um prazo de quinze (15) dias, contado a partir da data em que a Secretaria Administrativa do MERCOSUL tenha comunicado aos Estados partes na controvérsia a decisão de um deles de recorrer à arbitragem.

Simultaneamente, designarão da mesma lista, um árbitro suplente para substituir o árbitro titular em caso de incapacidade ou escusa deste em qualquer etapa do procedimento arbitral.

O Presidente e seu suplente não poderão ser nacionais dos Estados partes na controvérsia.

ii) Se não houver acordo entre os Estados partes na controvérsia para escolher o terceiro árbitro dentro do prazo indicado, a Secretaria Administrativa do MERCOSUL, a pedido de qualquer um deles, procederá a sua designação por sorteio da lista do artigo 11.2 (iii), excluindo do mesmo os nacionais dos Estados partes na controvérsia.

iii) Os designados para atuar como terceiros árbitros deverão responder, em um prazo máximo de três (3) dias, contado a partir da notificação de sua designação, sobre sua aceitação para atuar em uma controvérsia.

4. A Secretaria Administrativa do MERCOSUL notificará os árbitros de sua designação.

Artigo 11

Listas de Árbitros

1. Cada Estado Parte designará doze (12) árbitros, que integrarão uma lista que ficará registrada na Secretaria Administrativa do MERCOSUL. A designação dos árbitros, juntamente com o *curriculum vitae* detalhado de cada um deles, será notificada simultaneamente aos demais Estados Partes e à Secretaria Administrativa do MERCOSUL.

i) Cada Estado Parte poderá solicitar esclarecimentos sobre as pessoas designadas pelos outros Estados Partes para integrar a lista referida no parágrafo anterior, dentro do prazo de trinta (30) dias, contado a partir de tal notificação.

ii) A Secretaria Administrativa do MERCOSUL notificará aos Estados Partes a lista consolidada de árbitros do MERCOSUL, bem como suas sucessivas modificações.

2. Cada Estado Parte proporá, ademais, quatro (4) candidatos para integrar a lista de terceiros árbitros. Pelo menos um dos árbitros indicados por cada Estado Parte para esta lista não será nacional de nenhum dos Estados Partes do MERCOSUL.

i) A lista deverá ser notificada aos demais Estados Partes, por intermédio da Presidência Pro Tempore, acompanhada pelo *curriculum vitae* de cada um dos candidatos propostos.

ii) Cada Estado Parte poderá solicitar esclarecimentos sobre as pessoas propostas pelos demais Estados Partes ou apresentar objeções justificadas aos candidatos indicados, conforme os critérios estabelecidos no artigo 35, dentro do prazo de trinta (30) dias, contado a partir da notificação dessas propostas.

As objeções deverão ser comunicadas por intermédio da Presidência Pro Tempore ao Estado Parte proponente. Se, em um prazo que não poderá exceder a trinta (30) dias contado da notificação, não se chegar a uma solução, prevalecerá a objeção.

iii) A lista consolidada de terceiros árbitros, bem como suas sucessivas modificações, acompanhadas do *curriculum vitae* dos árbitros, será comunicada pela Presidência Pro Tempore à Secretaria Administrativa do MERCOSUL, que a registrará e notificará aos Estados Partes.

Artigo 12

Representantes e Assessores

Os Estados partes na controvérsia designarão seus representantes ante o Tribunal Arbitral Ad Hoc e poderão ainda designar assessores para a defesa de seus direitos.

Artigo 13

Unificação de Representação

Se dois ou mais Estados Partes sustentarem a mesma posição na controvérsia, poderão unificar sua representação ante o Tribunal Arbitral e designarão um árbitro de comum acordo, no prazo estabelecido no artigo 10.2 (i).

Artigo 14

Objeto da Controvérsia

1. O objeto das controvérsias ficará determinado pelos textos de apresentação e de resposta apresentados ante o Tribunal Arbitral Ad Hoc, não podendo ser ampliado posteriormente.

2. As alegações que as partes apresentem nos textos mencionados no numeral anterior se basearão nas questões que foram consideradas nas etapas prévias, contempladas no presente Protocolo e no Anexo ao Protocolo de Ouro Preto.

3. Os Estados partes na controvérsia informarão ao Tribunal Arbitral Ad Hoc, nos textos mencionados no numeral 1 do presente artigo, sobre as instâncias cumpridas com anterioridade ao procedimento arbitral e farão uma exposição dos fundamentos de fato e de direito de suas respectivas posições.

Artigo 15

Medidas Provisórias

1. O Tribunal Arbitral Ad Hoc poderá, por solicitação da parte interessada, e na medida em que existam presunções fundamentadas de que a manutenção da situação poderá ocasionar danos graves e irreparáveis a uma das partes na controvérsia, ditar as medidas provisórias que considere apropriadas para prevenir tais danos.

2. O Tribunal poderá, a qualquer momento, tornar sem efeito tais medidas.

3. Caso o laudo seja objeto de recurso de revisão, as medidas provisórias que não tenham sido deixadas sem efeito antes da emissão do mesmo se manterão até o tratamento do tema na primeira reunião do Tribunal Permanente de Revisão, que deverá resolver sobre sua manutenção ou extinção.

Artigo 16

Laudo Arbitral

O Tribunal Arbitral Ad Hoc emitirá o laudo num prazo de sessenta (60) dias, prorrogáveis por decisão do Tribunal por um prazo máximo de trinta (30) dias, contado a partir da comunicação efetuada pela Secretaria Administrativa do MERCOSUL às partes e aos demais árbitros, informando a aceitação pelo árbitro Presidente de sua designação.

CAPÍTULO VII

Procedimento de Revisão

Artigo 17

Recurso de Revisão

1. Qualquer das partes na controvérsia poderá apresentar um recurso de revisão do laudo do Tribunal Arbitral Ad Hoc ao Tribunal Permanente de Revisão, em prazo não superior a quinze (15) dias a partir da notificação do mesmo.

2. O recurso estará limitado a questões de direito tratadas na controvérsia e às interpretações jurídicas desenvolvidas no laudo do Tribunal Arbitral Ad Hoc.

3. Os laudos dos Tribunais Ad Hoc emitidos com base nos princípios ex aequo et bono não serão suscetíveis de recurso de revisão.

4. A Secretaria Administrativa do MERCOSUL estará encarregada das gestões administrativas que lhe sejam encomendadas para o trâmite dos procedimentos e manterá informados os Estados partes na controvérsia e o Grupo Mercado Comum.

Artigo 18

Composição do Tribunal Permanente de Revisão

1. Tribunal Permanente de Revisão será integrado por cinco (5) árbitros.

2. Cada Estado Parte do MERCOSUL designará um (1) árbitro e seu suplente por um período de dois (2) anos, renovável por no máximo dois períodos consecutivos.

3. O quinto árbitro, que será designado por um período de três (3) anos não renovável, salvo acordo em contrário dos Estados Partes, será escolhido, por unanimidade dos Estados Partes, da lista referida neste numeral, pelo menos três (3) meses antes da expiração do mandato do quinto árbitro em exercício. Este árbitro terá a nacionalidade de algum dos Estados Partes do MERCOSUL, sem prejuízo do disposto no numeral 4 deste Artigo.

Não havendo unanimidade, a designação se fará por sorteio que realizará a Secretaria Administrativa do MERCOSUL, dentre os integrantes dessa lista, dentro dos dois (2) dias seguintes ao vencimento do referido prazo.

A lista para a designação do quinto árbitro conformar-se-á com oito (8) integrantes. Cada Estado Parte proporá dois (2) integrantes que deverão ser nacionais dos países do MERCOSUL.

4. Os Estados Partes, de comum acordo, poderão definir outros critérios para a designação do quinto árbitro.

5. Pelo menos três (3) meses antes do término do mandato dos árbitros, os Estados Partes deverão manifestar-se a respeito de sua renovação ou propor novos candidatos.

6. Caso expire o mandato de um árbitro que esteja atuando em uma controvérsia, este deverá permanecer em função até sua conclusão.

7. Aplica-se, no que couber, aos procedimentos descritos neste artigo o disposto no artigo 11.2.

Artigo 19

Disponibilidade Permanente

Os integrantes do Tribunal Permanente de Revisão, uma vez que aceitem sua designação, deverão estar disponíveis permanentemente para atuar quando convocados.

Artigo 20

Funcionamento do Tribunal

1. Quando a controvérsia envolver dois Estados Partes, o Tribunal estará integrado por três (3) árbitros. Dois (2) árbitros serão nacionais de cada Estado parte na controvérsia e o terceiro, que exercerá a Presidência, será designado mediante sorteio a ser realizado pelo Diretor da Secretaria Administrativa do MERCOSUL, entre os árbitros restantes que não sejam nacionais dos Estados partes na controvérsia. A designação do Presidente dar-se-á no dia seguinte à interposição do recurso de revisão, data a partir da qual estará constituído o Tribunal para todos os efeitos.

2. Quando a controvérsia envolver mais de dois Estados Partes, o Tribunal Permanente de Revisão estará integrado pelos cinco (5) árbitros.

3. Os Estados Partes, de comum acordo, poderão definir outros critérios para o funcionamento do Tribunal estabelecido neste artigo.

Artigo 21

Contestação do Recurso de Revisão e Prazo para o Laudo

1. A outra parte na controvérsia terá direito a contestar o recurso de revisão interposto, dentro do prazo de quinze (15) dias de notificada a apresentação de tal recurso.

2. O Tribunal Permanente de Revisão pronunciar-se-á sobre o recurso em um prazo máximo de trinta (30) dias, contado a partir da apresentação da contestação a que faz referência o numeral anterior ou do vencimento do prazo para a referida apresentação, conforme o caso. Por decisão do Tribunal, o prazo de trinta (30) dias poderá ser prorrogado por mais quinze (15) dias.

Artigo 22

Alcance do Pronunciamento

1. O Tribunal Permanente de Revisão poderá confirmar, modificar ou revogar a fundamentação jurídica e as decisões do Tribunal Arbitral Ad Hoc.

2. O laudo do Tribunal Permanente de Revisão será definitivo e prevalecerá sobre o laudo do Tribunal Arbitral Ad Hoc.

Artigo 23

Acesso direto ao Tribunal Permanente de Revisão

1. As partes na controvérsia, culminado o procedimento estabelecido nos artigos 4 e 5 deste Protocolo, poderão acordar expressamente submeter-se diretamente e em única instância ao Tribunal Permanente de Revisão, caso em que este terá as mesmas competências que um Tribunal Arbitral Ad Hoc, aplicando-se, no que corresponda, os Artigos 9, 12, 13, 14, 15 e 16 do presente Protocolo.

2. Nessas condições, os laudos do Tribunal Permanente de Revisão serão obrigatórios para os Estados partes na controvérsia a partir do recebimento da respectiva notificação, não estarão sujeitos a recursos de revisão e terão, com relação às partes, força de coisa julgada.

Artigo 24

Medidas Excepcionais e de Urgência

O Conselho do Mercado Comum poderá estabelecer procedimentos especiais para atender casos excepcionais de urgência que possam ocasionar danos irreparáveis às Partes.

CAPÍTULO VIII

Laudos Arbitrais

Artigo 25

Adoção dos Laudos

Os laudos do Tribunal Arbitral Ad Hoc e os do Tribunal Permanente de Revisão serão adotados por maioria, fundamentados e assinados pelo Presidente e pelos demais árbitros. Os árbitros não poderão fundamentar votos em dissidência e deverão manter a confidencialidade da votação. As deliberações também serão confidenciais e assim permanecerão em todo o momento.

Artigo 26

Obrigatoriedade dos Laudos

1. Os laudos dos Tribunais Arbitrais Ad Hoc são obrigatórios para os Estados partes na controvérsia a partir de sua notificação e terão, em relação a eles, força de coisa julgada se, transcorrido o prazo previsto no artigo 17.1 para interpor recurso de revisão, este não tenha sido interposto.

2. Os laudos do Tribunal Permanente de Revisão são inapeláveis, obrigatórios para os Estados partes na controvérsia a partir de sua notificação e terão, com relação a eles, força de coisa julgada.

Artigo 27

Obrigatoriedade do Cumprimento dos Laudos

Os laudos deverão ser cumpridos na forma e com o alcance com que foram emitidos. A adoção de medidas compensatórias nos termos deste Protocolo não exime o Estado parte de sua obrigação de cumprir o laudo.

Artigo 28

Recurso de Esclarecimento

1. Qualquer dos Estados partes na controvérsia poderá solicitar um esclarecimento do laudo do Tribunal Arbitral Ad Hoc ou do Tribunal Permanente de Revisão e sobre a forma com que deverá cumprir-se o laudo, dentro de quinze (15) dias subsequentes à sua notificação.

2. O Tribunal respectivo se expedirá sobre o recurso nos quinze (15) dias subsequentes à apresentação da referida solicitação e poderá outorgar um prazo adicional para o cumprimento do laudo.

Artigo 29

Prazo e Modalidade de Cumprimento

1. Os laudos do Tribunal Ad Hoc ou os do Tribunal Permanente de Revisão, conforme o caso, deverão ser cumpridos no prazo que os respectivos Tribunais estabelecerem. Se não for estabelecido um prazo, os laudos deverão ser cumpridos no prazo de trinta (30) dias seguintes à data de sua notificação.

2. Caso um Estado parte interponha recurso de revisão, o cumprimento do laudo do Tribunal Arbitral Ad Hoc será suspenso durante o trâmite do mesmo.

3. O Estado parte obrigado a cumprir o laudo informará à outra parte na controvérsia, assim como ao Grupo Mercado Comum, por intermédio da Secretaria Administrativa do MERCOSUL, sobre as medidas que adotará para cumprir o laudo, dentro dos quinze (15) dia contados desde sua notificação.

Artigo 30

Divergências sobre o Cumprimento do Laudo

1. Caso o Estado beneficiado pelo laudo entenda que as medidas adotadas não dão cumprimento ao mesmo, terá um prazo de trinta (30) dias, a partir da adoção das mesmas, para levar a situação à consideração do Tribunal Arbitral Ad Hoc ou do Tribunal Permanente de Revisão, conforme o caso.

2. O Tribunal respectivo terá um prazo de trinta (30) dias a partir da data que tomou conhecimento da situação para dirimir as questões referidas no numeral anterior.

3. Caso não seja possível a convocação do Tribunal Arbitral Ad Hoc que conheceu do caso, outro será conformado com o ou os suplentes necessários mencionados nos artigos 10.2 e 10.3.

CAPÍTULO IX

Medidas Compensatórias

Artigo 31

Faculdade de Aplicar Medidas Compensatórias

1. Se um Estado parte na controvérsia não cumprir total ou parcialmente o laudo do Tribunal Arbitral, a outra parte na controvérsia terá a faculdade, dentro do prazo de um (1) ano, contado a partir do dia seguinte ao término do prazo referido no artigo 29.1, e independentemente de recorrer aos procedimentos do artigo 30, de iniciar a aplicação de medidas compensatórias temporárias, tais como a suspensão de concessões ou outras obrigações equivalentes, com vistas a obter o cumprimento do laudo.

2. O Estado Parte beneficiado pelo laudo procurará, em primeiro lugar, suspender as concessões ou obrigações equivalentes no mesmo setor ou setores afetados. Caso considere impraticável ou ineficaz a suspensão no mesmo setor, poderá suspender concessões ou obrigações em outro setor, devendo indicar as razões que fundamentam essa decisão.

3. As medidas compensatórias a serem tomadas deverão ser informadas formalmente pelo Estado Parte que as aplicará, com uma antecedência mínima de quinze (15) dias, ao Estado Parte que deve cumprir o laudo.

Artigo 32

Faculdade de Questionar Medidas Compensatórias

1. Caso o Estado Parte beneficiado pelo laudo aplique medidas compensatórias por considerar insuficiente o cumprimento do mesmo, mas o Estado Parte obrigado a cumprir o laudo considerar que as medidas adotadas são satisfatórias, este último terá um prazo de quinze (15) dias, contado a partir da notificação prevista no artigo 31.3, para levar esta situação à consideração do Tribunal Arbitral Ad Hoc ou do Tribunal Permanente de Revisão, conforme o caso, o qual terá um prazo de trinta (30) dias desde a sua constituição para se pronunciar sobre o assunto.

2. Caso o Estado Parte obrigado a cumprir o laudo considere excessivas as medidas compensatórias aplicadas, poderá solicitar, até quinze (15) dias depois da aplicação dessas medidas, que o Tribunal *Ad Hoc* ou o Tribunal Permanente de Revisão, conforme corresponda, se pronuncie a respeito, em um prazo não superior a (trinta) 30 dias, contado a partir da sua constituição.

i) O Tribunal pronunciar-se-á sobre as medidas compensatórias adotadas. Avaliará, conforme o caso, a fundamentação apresentada para aplicá-las em um setor distinto daquele afetado, assim como sua proporcionalidade com relação às consequências derivadas do não cumprimento do laudo.

ii) Ao analisar a proporcionalidade, o Tribunal deverá levar em consideração, entre outros elementos, o volume e/ou o valor de comércio no setor afetado, bem como qualquer outro prejuízo ou fator que tenha incidido na determinação do nível ou montante das medidas compensatórias.

3. O Estado Parte que aplicou as medidas deverá adequá-las à decisão do Tribunal em um prazo máximo de dez (10) dias, salvo se o Tribunal estabelecer outro prazo.

CAPÍTULO X

Disposições Comuns aos Capítulos VI e VII

Artigo 33

Jurisdição dos Tribunais

Os Estados Partes declaram reconhecer como obrigatória, ipso facto e sem necessidade de acordo especial, a jurisdição dos Tribunais Arbitrais Ad Hoc que em cada caso se constituam para conhecer e resolver as controvérsias a que se refere o presente Protocolo, bem como a jurisdição do Tribunal Permanente de Revisão para conhecer e resolver as controvérsias conforme as competências que lhe confere o presente Protocolo.

Artigo 34

Direito Aplicável

1. Os Tribunais Arbitrais Ad Hoc e o Tribunal Permanente de Revisão decidirão a controvérsia com base no Tratado de Assunção, no Protocolo de Ouro Preto, nos protocolos e acordos celebrados no marco do Tratado de Assunção, nas Decisões do Conselho do Mercado Comum, nas Resoluções do Grupo Mercado Comum e

nas Diretrizes da Comissão de Comércio do MERCOSUL, bem como nos princípios e disposições de Direito Internacional aplicáveis à matéria.

2. A presente disposição não restringe a faculdade dos Tribunais Arbitrais Ad Hoc ou a do Tribunal Permanente de Revisão, quando atue como instância direta e única conforme o disposto no artigo 23, de decidir a controvérsia ex aequo et bono, se as partes assim acordarem.

Artigo 35

Qualificação dos Árbitros

1. Os árbitros dos Tribunais Arbitrais Ad Hoc e os do Tribunal Permanente de Revisão deverão ser juristas de reconhecida competência nas matérias que possam ser objeto das controvérsias e ter conhecimento do conjunto normativo do MERCOSUL.

2. Os árbitros deverão observar a necessária imparcialidade e independência funcional da Administração Pública Central ou direta dos Estados Partes e não ter interesses de índole alguma na controvérsia. Serão designados em função de sua objetividade, confiabilidade e bom senso.

Artigo 36

Custos

1. Os gastos e honorários ocasionados pela atividade dos árbitros serão custeados pelo país que os designe e os gastos e honorários do Presidente do Tribunal Arbitral Ad Hoc serão custeados em partes iguais pelos Estados partes na controvérsia, a menos que o Tribunal decida distribuí-los em proporção distinta.

2. Os gastos e honorários ocasionados pela atividade dos árbitros do Tribunal Permanente de Revisão serão custeados em partes iguais pelos Estados partes na controvérsia, a menos que o Tribunal decida distribuí-los em proporção distinta.

3. Os gastos a que se referem os incisos anteriores poderão ser pagos por intermédio da Secretaria Administrativa do MERCOSUL. Os pagamentos poderão ser realizados por intermédio de um Fundo Especial que poderá ser criado pelos Estados Partes ao depositar as contribuições relativas ao orçamento da Secretaria Administrativa do MERCOSUL, conforme o artigo 45 do Protocolo de Ouro Preto, ou no momento de iniciar os procedimentos previstos nos Capítulos VI ou VII do presente Protocolo. O Fundo será administrado pela Secretaria Administrativa do MERCOSUL, a qual deverá anualmente prestar contas aos Estados Partes sobre sua utilização.

Artigo 37

Honorários e demais Gastos

Os honorários, gastos de transporte, hospedagem, diárias e outros gastos dos árbitros serão determinados pelo Grupo Mercado Comum.

Artigo 38

Sede

A sede do Tribunal Arbitral Permanente de Revisão será a cidade de Assunção. Não obstante, por razões fundamentadas, o Tribunal poderá reunir-se, excepcionalmente, em outras cidades do MERCOSUL. Os Tribunais Arbitrais Ad Hoc poderão reunir-se em qualquer cidade dos Estados Partes do MERCOSUL.

CAPÍTULO XI

Reclamações de Particulares

Artigo 39

Âmbito de Aplicação

O procedimento estabelecido no presente Capítulo aplicar-se-á às reclamações efetuadas por particulares (pessoas físicas ou jurídicas) em razão da sanção ou aplicação, por qualquer dos Estados Partes, de medidas legais ou administrativas de efeito restritivo, discriminatórias ou de concorrência desleal, em violação do Tratado de Assunção, do Protocolo de Ouro Preto, dos protocolos e acordos celebrados no marco do Tratado de Assunção, das Decisões do Conselho do Mercado Comum, das Resoluções do Grupo Mercado Comum e das Diretrizes da Comissão de Comércio do MERCOSUL.

Artigo 40

Início do Trâmite

1. Os particulares afetados formalizarão as reclamações ante a Seção Nacional do Grupo Mercado Comum do Estado Parte onde tenham sua residência habitual ou a sede de seus negócios.

2. Os particulares deverão fornecer elementos que permitam determinar a veracidade da violação e a existência ou ameaça de um prejuízo, para que a reclamação

seja admitida pela Seção Nacional e para que seja avaliada pelo Grupo Mercado Comum e pelo grupo de especialistas, se for convocado.

Artigo 41

Procedimento

1. A menos que a reclamação se refira a uma questão que tenha motivado o início de um procedimento de Solução de Controvérsias de acordo com os Capítulos IV a VII deste Protocolo, a Seção Nacional do Grupo Mercado Comum que tenha admitido a reclamação conforme o artigo 40 do presente Capítulo deverá entabular consultas com a Seção Nacional do Grupo Mercado Comum do Estado Parte a que se atribui a violação, a fim de buscar, mediante as consultas, uma solução imediata à questão levantada. Tais consultas se darão por concluídas automaticamente e sem mais trâmites se a questão não tiver sido resolvida em um prazo de quinze (15) dias contado a partir da comunicação da reclamação ao Estado Parte a que se atribui a violação, salvo se as partes decidirem outro prazo.

2. Finalizadas as consultas, sem que se tenha alcançado uma solução, a Seção Nacional do Grupo Mercado Comum elevará a reclamação sem mais trâmite ao Grupo Mercado Comum.

Artigo 42

Intervenção do Grupo Mercado Comum

1. Recebida a reclamação, o Grupo Mercado Comum avaliará os requisitos estabelecidos no artigo 40.2, sobre os quais se baseou sua admissão pela Seção Nacional, na primeira reunião subsequente ao seu recebimento. Se concluir que não estão reunidos os requisitos necessários para dar-lhe curso, rejeitará a reclamação sem mais trâmite, devendo pronunciar-se por consenso.

2. Se o Grupo Mercado Comum não rejeitar a reclamação, esta considerar-se-á admitida. Neste caso, o Grupo Mercado Comum procederá de imediato à convocação de um grupo de especialistas que deverá emitir um parecer sobre sua procedência, no prazo improrrogável de trinta (30) dias contado a partir da sua designação.

3. Nesse prazo, o grupo de especialistas dará oportunidade ao particular reclamante e aos Estados envolvidos na reclamação de serem ouvidos e de apresentarem seus argumentos, em audiência conjunta.

Artigo 43

Grupo de Especialistas

1. O grupo de especialistas a que faz referência o artigo 42.2 será composto de três (3) membros designados pelo Grupo Mercado Comum ou, na falta de acordo sobre um ou mais especialistas, estes serão escolhidos por votação que os Estados Partes realizarão dentre os integrantes de uma lista de vinte e quatro (24) especialistas. A Secretaria Administrativa do MERCOSUL comunicará ao Grupo Mercado Comum o nome do especialista ou dos especialistas que tiverem recebido o maior número de votos. Neste último caso, e salvo se o Grupo Mercado Comum decidir de outra maneira, um (1) dos especialistas designados não poderá ser nacional do Estado contra o qual foi formulada a reclamação, nem do Estado no qual o particular formalizou sua reclamação, nos termos do artigo 40.

2. Com o fim de constituir a lista dos especialistas, cada um dos Estados Partes designará seis (6) pessoas de reconhecida competência nas questões que possam ser objeto de reclamação. Esta lista ficará registrada na Secretaria Administrativa do MERCOSUL.

3. Os gastos derivados da atuação do grupo de especialistas serão custeados na proporção que determinar o Grupo Mercado Comum ou, na falta de acordo, em montantes iguais pelas partes diretamente envolvidas na reclamação.

Artigo 44

Parecer do Grupo de Especialistas

1. O grupo de especialistas elevará seu parecer ao Grupo Mercado Comum.

i) Se, em parecer unânime, se verificar a procedência da reclamação formulada contra um Estado Parte, qualquer outro Estado Parte poderá requerer-lhe a adoção de medidas corretivas ou a anulação das medidas questionadas. Se o requerimento não prosperar num prazo de quinze (15) dias, o Estado Parte que o efetuou poderá recorrer diretamente ao procedimento arbitral, nas condições estabelecidas no Capítulo VI do presente Protocolo.

ii) Recebido um parecer que considere improcedente a reclamação por unanimidade, o Grupo Mercado Comum imediatamente dará por concluída a mesma no âmbito do presente Capítulo.

iii) Caso o grupo de especialistas não alcance unanimidade para emitir um parecer, elevará suas distintas conclusões ao Grupo Mercado Comum que, imediatamente, dará por concluída a reclamação no âmbito do presente Capítulo.

2. A conclusão da reclamação por parte do Grupo Mercado Comum, nos termos das alíneas (ii) e (iii) do numeral anterior, não impedirá que o Estado Parte reclamante dê início aos procedimentos previstos nos Capítulos IV a VI do presente Protocolo.

CAPÍTULO XII

Disposições Gerais

Artigo 45

Acordo ou Desistência

Em qualquer fase dos procedimentos, a parte que apresentou a controvérsia ou a reclamação poderá desistir das mesmas, ou as partes envolvidas no caso poderão chegar a um acordo dando-se por concluída a controvérsia ou a reclamação, em ambos os casos. As desistências e acordos deverão ser comunicados por intermédio da Secretaria Administrativa do MERCOSUL ao Grupo Mercado Comum, ou ao Tribunal que corresponda, conforme o caso.

Artigo 46

Confidencialidade

1. Todos os documentos apresentados no âmbito dos procedimentos previstos neste Protocolo são de caráter reservado às partes na controvérsia, à exceção dos laudos arbitrais.

2. A critério da Seção Nacional do Grupo Mercado Comum de cada Estado Parte e quando isso seja necessário para a elaboração das posições a serem apresentadas ante o Tribunal, esses documentos poderão ser dados a conhecer, exclusivamente, aos setores com interesse na questão.

3. Não obstante o estabelecido no numeral 1, o Conselho do Mercado Comum regulamentará a modalidade de divulgação dos textos e apresentações relativos a controvérsias já concluídas.

Artigo 47

Regulamentação

O Conselho do Mercado Comum aprovará a regulamentação do presente Protocolo no prazo de sessenta (60) dias a partir de sua entrada em vigência.

Artigo 48

Prazos

1. Todos os prazos estabelecidos no presente Protocolo são peremptórios e serão contados por dias corridos a partir do dia seguinte ao ato ou fato a que se referem. Não obstante, se o vencimento do prazo para apresentar um texto ou cumprir uma diligência não ocorrer em dia útil na sede da Secretaria Administrativa do MERCOSUL, a apresentação do texto ou cumprimento da diligência poderão ser feitos no primeiro dia útil imediatamente posterior a essa data.

2. Não obstante o estabelecido no numeral anterior, todos os prazos previstos no presente Protocolo poderão ser modificados de comum acordo pelas partes na controvérsia. Os prazos previstos para os procedimentos tramitados ante os Tribunais Arbitrais Ad Hoc e ante o Tribunal Permanente de Revisão poderão ser modificados quando as partes na controvérsia o solicitem ao respectivo Tribunal e este o conceda.

CAPÍTULO XIII

Disposições Transitórias

Artigo 49

Notificações Iniciais

Os Estados Partes realizarão as primeiras designações e notificações previstas nos artigos 11, 18 e 43.2 em um prazo de trinta (30) dias, contado a partir da entrada em vigor do presente Protocolo.

Artigo 50

Controvérsias em Trâmite

As controvérsias em trâmite iniciadas de acordo com o regime do Protocolo de Brasília continuarão a ser regidas exclusivamente pelo mesmo até sua total conclusão.

Artigo 51

Regras de Procedimento

1. O Tribunal Permanente de Revisão adotará suas próprias regras de procedimento no prazo de trinta (30) dias, contado a partir de sua constituição, as quais deverão ser aprovadas pelo Conselho do Mercado Comum.

2. Os Tribunais Arbitrais Ad Hoc adotarão suas próprias regras de procedimento, tomando como referência as Regras Modelos a serem aprovadas pelo Conselho do Mercado Comum.

3. As regras mencionadas nos numerais precedentes deste artigo garantirão que cada uma das partes na controvérsia tenha plena oportunidade de ser ouvida e de apresentar seus argumentos e assegurarão que os processos se realizem de forma expedita.

CAPÍTULO XIV

Disposições Finais

Artigo 52

Vigência e depósito

1. O presente Protocolo, parte integrante do Tratado de Assunção, entrará em vigor no trigésimo dia a partir da data em que tenha sido depositado o quarto instrumento de ratificação.

2. A República do Paraguai será depositária do presente Protocolo e dos instrumentos de ratificação e notificará aos demais Estados Partes a data de depósito desses instrumentos, enviando cópia devidamente autenticada deste Protocolo ao demais Estados Partes.

Artigo 53

Revisão do Sistema

Antes de culminar o processo de convergência da tarifa externa comum, os Estados Partes efetuarão uma revisão do atual sistema de solução de controvérsias, com vistas à adoção do Sistema Permanente de Solução de Controvérsias para o Mercado Comum a que se refere o numeral 3 do Anexo III do Tratado de Assunção.

Artigo 54

Adesão ou Denúncia Ipso Jure

A adesão ao Tratado de Assunção significará ipso jure a adesão ao presente Protocolo.

A denúncia do presente Protocolo significará ipso jure a denúncia do Tratado de Assunção.

Artigo 55

Derrogação

1. O presente Protocolo derroga, a partir de sua entrada em vigência, o Protocolo de Brasília para a Solução de Controvérsias, adotado em 17 de dezembro de 1991 e o Regulamento do Protocolo de Brasília, aprovado pela Decisão CMC 17/98.

2. Não obstante, enquanto as controvérsias iniciadas sob o regime do Protocolo de Brasília não estejam concluídas totalmente e até se completarem os procedimentos previstos no artigo 49, continuará sendo aplicado, no que corresponda, o Protocolo de Brasília e seu Regulamento.

3. As referências ao Protocolo de Brasília que figuram no Protocolo de Ouro Preto e seu Anexo, entendem-se remetidas, no que corresponda, ao presente Protocolo.

Artigo 56

Idiomas

Serão idiomas oficiais em todos os procedimentos previstos no presente Protocolo o português e o espanhol.

Feito na cidade de Olivos, Província de Buenos Aires, República Argentina aos dezoito dias do mês de fevereiro de dois mil e dois, em um original, nos idiomas português e espanhol, sendo ambos os textos igualmente autênticos.

Pela República Argentina:
EDUARDO DUHALDE
CARLOS RUCKAUF

Pela República Federativa do Brasil:
FERNANDO HENRIQUE CARDOSO
CELSO LAFER

Pela República do Paraguai:
LUIZ GONZALES MACCHI

JOSÉ ANTÔNIO MORENO RUFFINELLI

Pela República Oriental do Uruguai:
JORGE BATTLE IBAÑEZ
DIDIER OPERTTI

Capítulo 1

Questões para revisão
1. a
2. b
3. d
4. Conforme vimos no Capítulo 1, o multilateralismo está representado pelo princípio da cláusula da nação mais favorecida ao passo que o regionalismo está representado pelo princípio da exceção à cláusula da nação mais favorecida. São conceitos complementares porque o multilateralismo, que é a regra geral, admite como exceção a formação dos blocos econômicos.
5. Na perspectiva do direito, os blocos econômicos seriam sujeitos de direito internacional que se materializam por meio dos respectivos tratados constitutivos e que, por isso mesmo, colocam em xeque a noção de soberania clássica, tida como algo absoluto. Ora, para o direito internacional clássico, os principais sujeitos de direito internacional seriam os Estados soberanos, detentores da decisão maior e sem limitações no âmbito internacional. Ocorre que, nos dias atuais, a atuação dos blocos econômicos ganha cada vez mais relevância e serve de limitação à própria atividade estatal, o que sugere a revisão do direito internacional clássico.

Questões para reflexão
1. O advento da globalização ocasionou inúmeras transformações no conceito de Estado Nação, com a revisão e a

reformulação do próprio conceito de soberania. Por outro lado, tendo em vista a interdependência, os Estados não podem mais atuar de forma isolada dentro de temas afetos ao comércio, sendo necessário que eles busquem associações por meio da formações dos blocos econômicos.

2. O regionalismo faz com que países vizinhos fiquem unidos por semelhanças e diferenças que não estão ligadas apenas aos assuntos econômicos, mas também à cultura desses povos. Além disso, a questão da cultura é importante para avançar nas etapas de integração; do contrário, isso não será possível. Assim, para determinado bloco econômico manter-se, é preciso que haja consonância entre os Estados-membros. Um caso que demonstra adequadamente a contribuição da cultura é a formação da União Europeia, a qual foi capaz de unir, primeiramente, países culturalmente distintos e rivais, como França e Alemanha. Observemos aqui que a questão cultural ainda continua a ser importante para manter esse bloco, pois hoje ele conta com novos Estados distintos entre si.

Capítulo 2

Questões para revisão

1. e
2. d
3. d
4. Depois da Segunda Guerra Mundial, os países vencedores reuniram-se para delinear as políticas a serem adotadas no pós-guerra, as quais foram pautadas com base no liberalismo econômico. Assim, foram criados o FMI, o Bird e a OIC; esta última não vingou. De 1947 até 1994, o GATT 1947 (Acordo Geral sobre Tarifas e Comércio) regulamentou temas referentes ao livre comércio.
5. *Dumping social* refere-se à prática de determinados Estados de explorar o trabalho de forma irregular e ilegal, ou seja, desrespeitando os padrões trabalhistas mínimos já consagrados internacionalmente, com o objetivo maior de conseguir competividade no mercado internacional mediante a geração de produtos

e serviços com preço final muito mais baixo que o normal do mercado. Em resumo: esses Estados não remuneram bem seus trabalhadores e não asseguram os direitos sociais mínimos. Vemos aqui que o tema da proteção internacional do trabalho guarda ligação com as práticas internacionais do comércio. No entanto, convencionou-se na OMC que os cuidados com o trabalho ficariam a cargo maior da OIT, conforme decidido na Conferência de Cingapura. Ainda assim, há intensas discussões dentro da OMC acerca de sua competência; apesar de não cuidar especificamente do trabalho, nessa organização há um grupo que trabalha em conjunto com a OIT.

Questões para reflexão

1. Conforme vimos no capítulo, toda vez que determinado Estado pratica políticas protecionistas, como é o caso dos subsídios agrícolas (ilustrado especialmente pela União Europeia e pelos Estados Unidos), os outros países saem perdendo, pois não podem competir igualmente com os produtos e serviços agrícolas advindos do Estado protecionista. Isso gera atraso no desenvolvimento dos países que ofertam tais produtos e serviços, resultando, pois, em uma troca desigual. Para evitar situações assim, a OMC propõe várias medidas. Um dos casos mais emblemáticos no Brasil foi o contencioso do algodão, que tramitou contra os Estados Unidos e que perdurou por oito anos, sendo que o país teve de optar pela retaliação.

2. Como mencionamos no capítulo, Bretton Woods tinha o intento maior de ajudar os países assolados pela guerra a se recuperarem. De início, tinha apenas tal propósito, no entanto, hoje, seus objetivos se expandiram, auxiliando especialmente países em fase de desenvolvimento no combate à pobreza e a outras mazelas. Vimos que Bretton Woods formou a tríade FMI, Bird e, atualmente, a OMC (àquela época OIC, que não deu certo por força política e pelo contexto temporal da Guerra Fria).

Um ponto negativo dessa estrutura está no âmbito do FMI, que os países-membros financiam por meio de um sistema de cotas; um dos maiores financiadores são os Estados Unidos, fato que interfere no poder de voto dentro da instituição (ou seja, quanto mais um país contribui para o FMI, maior é o seu poder de voto, deixando de fora muitos países que não têm condições de manter essa instituição). No mais, a moeda corrente é o dólar, não havendo interesse, ao menos por parte das organizações geradas por Bretton Woods, em adotar outra moeda, o que também gera um olhar crítico.

O ponto crítico com relação ao Bird, ao seu turno, é que na época de Bretton Woods sua atuação se deu de maneira tímida. Já hoje as críticas voltam-se especialmente para a questão do financiamento de programas, que recebem poucas verbas financeiras, o que prejudica os resultados almejados.

Por fim, no que tange à OMC, uma das principais críticas é com relação à Rodada Doha, a qual perdura por longos anos e ainda não chegou a conclusões favoráveis aos países que buscam o desenvolvimento.

No mais, observemos que as três instituições apresentam um cunho político liberal, o que nem sempre significa a garantia de direitos sociais a todos, ainda que tais instituições não sejam isentas de cunho social.

Capítulo 3

Questões para revisão
1. c
2. d
3. b
4. O Mercosul utiliza-se do mecanismo da arbitragem, já criado pelo antigo Protocolo de Brasília e legalmente mantido no Protocolo de Olivos (2002). Esse protocolo fornece variadas opções aos Estados-membros conflitantes: podem escolher o tribunal para encaminhar suas controvérsias, optar por outros sistemas existentes em outros blocos ou, ainda, eleger o Órgão de Solução de Controvérsias (OSC) da OMC.

Por meio desse protocolo, foi instituído, para além da arbitragem, um Tribunal Permanente de Revisão, localizado em Assunção, Paraguai, o qual pode atuar na revisão dos laudos arbitrais proferidos. Esse tribunal também pode atuar diretamente na controvérsia, se assim desejar.

Também o Protocolo de Olivos possibilitou o uso de opiniões consultivas, em que as Cortes Superiores dos Estados Partes e outros organismos do bloco podem solicitar o pronunciamento do Tribunal Permanente de Revisão sobre a interpretação de uma normativa do Mercosul, não sendo tal opinião, no entanto, de caráter vinculante.

5. Conforme vimos, a Unasul foi criada para ser (ao menos em seus objetivos) um bloco de integração regional que vai além do campo meramente econômico, pois também busca aproximação e integração política, física e de infraestrutura, abrangendo variados assuntos, como defesa, energia e infraestrutura, além de contemplar uma região com grande potencial econômico e comercial, já contando com a participação dos 12 países que a constituem (à exceção somente da Guiana Francesa, que pertence à França). Por outro lado, também mostramos que, por ser um processo de integração de natureza intergovernamental, a Unasul está sujeita ao consenso dos países-membros, o que gera discussões, já que os países da América do Sul não têm, de forma unânime, a mesma história e os mesmos problemas internos. De todo modo, como é um processo recente de integração, ainda é cedo para afirmar de antemão se a Unasul traz mais benefícios ou mais malefícios.

Questões para reflexão

1. As perspectivas são positivas, já que o Brasil quer avançar nas negociações entre Mercosul e União Europeia. No âmbito do Mercosul, já há convergência entre os países-membros, o que significa que podem avançar nas negociações e apresentar e estudar ofertas. Por certo, tais ofertas não devem partir somente do Mercosul, mas também da União Europeia, condição necessária para o bloco analisar as melhores possibilidades e, assim, realizar a conclusão das negociações. Setores

como portos e transportes, agrícola alimentar e, até mesmo, pesquisa e desenvolvimento parecem ser de maior interesse à União Europeia, dinamizando as relações comerciais.

2. Para compreendermos a participação e o papel do Brasil nos blocos econômicos, é preciso que estejamos cientes da definição, da história e da importância política e econômica dos blocos, além de sua correlação com o Estado brasileiro, o que pode ser apreendido pela leitura deste livro, correlacionando-se principalmente o Capítulo 1 e o Capítulo 3. Os blocos econômicos, especialmente após a segunda metade do século XX, têm se mostrado importantes atores sociais, não somente em termos econômicos, mas também em termos de política e de multilateralismo, uma vez que os Estados obtêm, com os blocos econômicos, a expansão de áreas de influência político-econômicas. Afora isso, os blocos econômicos sempre buscam Estados que possam promover sua mantenança, já que vão além da mera cooperação.

Assim, por exemplo, na Europa, a UE procurou a Alemanha para ser o maior contribuinte líquido de todas as benesses comunitárias, papel que o Mercosul deixaria a cargo do Brasil.

O Brasil, em âmbito diplomático e de política externa, exerce uma posição pacificadora, conciliadora e integradora, sendo também um importante ator estatal de influências político-econômicas para o seu entorno. Ora, em um processo de integração, muitas vezes é difícil conciliar os interesses das partes, e nesse sentido o Brasil pode auxiliar na busca por uma melhor solução.

Com relação ao Mercosul, ele pode contribuir principalmente em termos de diplomacia brasileira e de política externa, além de ser uma oportunidade para o Brasil repensar sua economia e sua administração pública, em que pese não se mostrar o Mercosul a solução para problemas internos de desenvolvimento econômico e tecnológico.

Eduardo Biacchi Gomes é graduado em Direito pela Pontifícia Universidade Católica do Paraná – PUCPR (1993), especialista em Direito Internacional pela Universidade Federal de Santa Catarina – UFSC (2001), mestre e doutor em Direito pela Universidade Federal do Paraná – UFPR (2000, 2003). É pós-doutor em Estudos Culturais pela Universidade Federal do Rio de Janeiro – UFRJ, com estudos realizados na Universidade de Barcelona. Foi professor visitante na Universidade de Los Andes, Chile. Atualmente é professor adjunto integrante do quadro da UniBrasil, professor de graduação e mestrado em Direito da PUCPR (professor titular) e professor dos cursos de Direito e Relações Internacionais do Centro Universitário Internacional Uninter. Tem experiência na área de direito, com ênfase em direito internacional, direito da integração e direitos humanos, atuando principalmente nos seguintes temas: blocos econômicos, direito comunitário, direito internacional público, direito da integração, Mercosul e direito constitucional. Foi consultor jurídico do Mercosul em 2005 e 2006. Foi editor-chefe da *Revista de Direitos Fundamentais & Democracia*, vinculado ao Programa de Mestrado em Direto da UniBrasil, Qualis B1, desde a sua fundação e, atualmente, exerce as funções de editor-adjunto. É vice-coordenador do Programa de Mestrado em Direito da UniBrasil.

Os papéis utilizados neste livro, certificados por instituições ambientais competentes, são recicláveis, provenientes de fontes renováveis e, portanto, um meio sustentável e natural de informação e conhecimento.

FSC
www.fsc.org
MISTO
Papel produzido a partir de fontes responsáveis
FSC® C057341

Impressão: Log&Print Gráfica & Logística S.A.
Julho/2020